TEORIA X-BARRA

TEORIA X-BARRA
Descrição do português e aplicação computacional

Gabriel de Ávila Othero

Copyright© 2006 Gabriel de Ávila Othero
Todos os direitos desta edição reservados à
Editora Contexto (Editora Pinsky Ltda.)

Montagem de capa: Gustavo S. Vilas Boas

Diagramação: Gil de Jesus

Revisão: Lilian Aquino

Dados Internacionais de Catalogação na Publicação (CIP)
(Câmara Brasileira do Livro, SP, Brasil)

Othero, Gabriel de Ávila
  Teoria X-barra : descrição do português e
aplicação computacional / Gabriel de Ávila
Othero. – São Paulo : Contexto, 2006.

  Bibliografia.
  ISBN 85-7244-336-3

  1. Lingüística computacional 2. Português –
Análise e parsing 3. Português – Concordância
4. Português – Gramática 5. Português – Sentenças
6. Português – Sintaxe 7. Prolog (Linguagem
de programação para computadores) I. Título.

06-4979   CDD-469.50285

Índices para catálogo sistemático:
1. Teoria X-barra : Gramática : Português : Uso
   do Prolog : Lingüística computacional
   469.50285
2. Teoria X-barra : Sintagmas : Sintaxe : Português :
   Uso do Prolog : Lingüística computacional
   469.50285

EDITORA CONTEXTO
Diretor editorial: *Jaime Pinsky*

Rua Acopiara, 199 – Alto da Lapa
05083-110 – São Paulo – SP
PABX: (11) 3832 5838
contexto@editoracontexto.com.br
www.editoracontexto.com.br

2006

Proibida a reprodução total ou parcial.
Os infratores serão processados na forma da lei.

A
Sérgio de Moura Menuzzi
Renata Vieira
Vera Lúcia Strube de Lima
Luiz Arthur Pagani

Sumário

Lista de figuras, gráficos, quadros e tabelas 9

Lista de símbolos e abreviaturas 11

Prefácio 13

Introdução 15

Como desenvolver uma gramática em Prolog 19

Descrição sintática dos sintagmas
em português brasileiro visando
à implementação computacional 39

Como implementar as regras em Prolog 93

Considerações finais 153

Referências bibliográficas 155

Apêndice: como usar o Grammar Play 157

Lista de figuras, gráficos, quadros e tabelas

Figura 3.1: Todas as lindas amigas ruivas da Maria gostam do João
Figura 3.2: *Todos os lindos amigas ruivos da Maria gostam do João
Figura 3.3: O João gosta de um filme policial francês famoso (1)
Figura 3.4: O João gosta de um filme policial francês famoso (2)
Figura 3.5: O João é magro demais para um boxeador
Figura 3.6: Maria está sempre muito bonita para o João
Figura A.1: Tela inicial do Grammar Play
Figura A.2: A Maria dorme tranqüilamente
Figura A.3: Todos os meus amigos adoram sintaxe
Figura A.4: As todas adoram amigas minhas sintaxe
Figura A.5: O programa não irá reconhecer esta frase

Quadro 1.1: Primeira versão de nossa gramática em Prolog
Quadro 3.1: Gramática DCG apresentada por Pagani
Quadro 3.2: Regência verbal
Quadro 3.3: Entendendo o Grammar Play, regra (a)
Quadro 3.4: Regras da sentença
Quadro 3.5: Regras do SN
Quadro 3.6: Regras de inserção lexical que dizem respeito ao SN
Quadro 3.7: Itens lexicais (determinantes, substantivos e adjetivos) do léxico do Grammar Play
Quadro 3.8: Regras do SAdj
Quadro 3.9: Adjetivos no dicionário do Grammar Play
Quadro 3.10: Regras do SV
Quadro 3.11: Verbos no dicionário do Grammar Play
Quadro 3.12: Regras do SAdv

Tabela 1.1: Lista de verbos que iniciam pela letra H, disponíveis no *corpus* DELAS_PB
Tabela 1.2: Lista de verbos com a letra H selecionados pelo falante
Tabela 2.1: Predeterminantes e determinantes-base

Lista de símbolos e abreviaturas

Adj	Adjetivo
Adj'	Adjetivo-barra
Adv	Advérbio
Adv'	Advérbio-barra
DCG	*Definite Clause Grammar*
Det	Determinante
Mod	Modificador
N	Nome
N'	N-barra
NGB	Norma Gramatical Brasileira
P	Preposição
P'	Preposição-barra
PB	Português brasileiro
PLN	Processamento de Linguagem Natural
pós-det	Pós-determinante
pré-det	Predeterminante
pro	Pronome
PS rules	*Phrase Structure Rules*
S	Sentença
SAdj	Sintagma Adjetival
SAdv	Sintagma Adverbial
SN	Sintagma Nominal
SP	Sintagma Preposicional
SV	Sintagma Verbal
V	Verbo
V'	Verbo-barra
X'	X-barra
Δ	Elemento vazio

Prefácio

A obra *Teoria X-barra: Descrição do português e aplicação computacional*, de Gabriel de Ávila Othero, resume a contribuição científica original presente na sua dissertação de mestrado, desenvolvida no Programa de Pós-Graduação em Letras da PUCRS sob minha orientação.

Neste livro Gabriel de Ávila Othero faz um estudo bastante detalhado da organização interna da frase simples (com um único verbo) e dos vários sintagmas do português (sintagmas nominal, verbal, adjetival etc.). Este estudo permite especificar formalmente as regras de composição da frase simples do português de acordo com o formato X-barra (cf. Haegeman, 1995, e vários outros). Após esta etapa, o autor implementa estas regras em Prolog, uma linguagem de programação muito usada em lingüística computacional, utilizando os recursos de *parsing* disponíveis nesta linguagem. (Em síntese, estes recursos permitem "traduzir automaticamente" as regras sintagmáticas do português em procedimentos de segmentação e análise de seqüências de palavras – isto é, frases).

O trabalho de implementação é acompanhado, no livro, de discussão dos problemas enfrentados para a análise correta das estruturas do português, e é aqui que reside o melhor da contribuição de Gabriel: é nesta discussão que se revela a necessidade de uma compreensão prévia dos processos lingüísticos de composição sintática para que o processamento automatizado de seqüências de palavras possa resultar numa análise adequada (para, por exemplo, uma interpretação semântica apropriada). Esta é, a meu ver, uma lição importante tanto para lingüistas que têm interesse em implementar computacionalmente modelos de análise gramatical, quanto para cientistas da computação interessados em desenvolver tecnologia robusta de processamento da linguagem natural: sem a implementação de modelos lingüísticos realistas, o processamento automatizado da linguagem permanecerá limitado, com baixo grau de eficiência para várias tarefas (por exemplo, para o desenvolvimento de revisores gramaticais automatizados).

Por essas razões, acredito que este livro é de grande valor tanto para alunos mais avançados dos cursos de Letras e Informática que já tenham tido alguma iniciação à Lingüística Computacional ou ao estudo do Processamento de Linguagem Natural, quanto principalmente para alunos de mestrado dessas duas áreas. Mais do que isso, é uma obra importante no contexto da pesquisa brasileira, pois procura promover a união de tradições de pesquisa que, em nosso ambiente acadêmico, ainda cooperam pouco entre si – a Lingüística e as Ciências da Computação. Não custa mencionar que a cooperação entre as duas resultou na Lingüística Computacional, hoje um dos campos mais dinâmicos de pesquisa no desenvolvimento da Tecnologia da Informação.

Prof. Sergio de Moura Menuzzi
Universidade Federal do Rio Grande do Sul – UFRGS

Introdução

O objetivo central deste livro é apresentar ao leitor (seja ele lingüista ou informata) uma descrição pormenorizada da estrutura sintática da sentença simples em língua portuguesa, visando ao tratamento computacional. Na verdade, o que queremos dizer é que pretendemos apresentar um trabalho de descrição sintática das sentenças simples (aquelas que contêm apenas um verbo) do português, com o objetivo de implementação na linguagem computacional Prolog. O leitor de nosso texto já deve estar habituado a lidar com alguns termos – ou seja, precisa já ter passado por alguns pré-requisitos – para que possa melhor aproveitar a obra. Vejamos.

Nosso objetivo com este livro é propor uma descrição detalhada da sentença simples com base no modelo sintático da **teoria X-barra**, para que possamos desenvolver uma **gramática** facilmente implementável em linguagem **Prolog** a fim de desenvolvermos um *parser* (que, mais tarde, chamaremos de Grammar Play).

Ao longo do texto, assumiremos que nosso leitor já tem algum conhecimento sobre os conceitos destacados em negrito no parágrafo anterior. No entanto, se não for esse o caso, sugerimos que o leitor interrompa por ora sua leitura e consulte algumas obras mais introdutórias (como Dougherty (1994), Jackendoff (1977), McDonald & Yazdani (1990), Menuzzi & Othero (2005), Pagani (2004) ou Radford (1981)). Se, por outro lado, o nosso leitor já é um pouco mais "avançado" e está pronto para buscar modelos de descrição sintática que sejam implementáveis computacionalmente, então, continuemos!

No primeiro capítulo, "Como desenvolver uma gramática em Prolog", iremos tratar de alguns requisitos indispensáveis que devem ser levados em consideração antes mesmo de (um lingüista ou informata) começar a construção de uma gramática computacional em Prolog. Veremos basicamente dois pontos de suma importância: (i) de onde tiramos as regras sintagmáticas que estão presentes na gramática do parser Grammar Play, que aqui iremos apresentar como modelo para trabalhos futuros; e (ii) de onde vêm as palavras que constituem o "dicionário" ou léxico do parser.

O segundo capítulo é talvez o mais interessante para nossos leitores lingüistas. É lá que fazemos uma descrição bastante detalhada da sentenças simples do português, seguindo o modelo proposto pela teoria X-barra. Devemos frisar ao leitor que essa descrição pretende ser *detalhada* e *criteriosa*, mas nunca *exaustiva* ou *normativa* (lembre-se disso quando chegar ao capítulo "Descrição sintática dos sintagmas em português brasileiro..."!). Além disso, esse capítulo traz talvez a maior contribuição para os estudos de sintaxe portuguesa que essa obra propõe, uma vez que desconhecemos outras obras que se propuseram tal descrição sintática do português (seguindo o modelo da teoria X-barra e tendo em vista a implementação computacional). Muito do segundo capítulo deve-se ao auxílio do professor e amigo Dr. Sérgio de Moura Menuzzi.

O último capítulo deste livro, "Como implementar as regras em Prolog", é talvez o mais interessante para nossos leitores informatas e lingüistas computacionais. É lá que mostramos uma maneira de implementar as regras sintagmáticas (estudadas no segundo capítulo) na gramática em Prolog de um parser como o Grammar Play (é lá também que muitos lingüistas provavelmente poderão ficar "com os cabelos em pé", já antecipando que tomaremos algumas medidas um tanto não-convencionais em Lingüística...).

Há ainda duas outras seções no livro: as Considerações finais, em que fazemos uma revisão geral do que foi visto ao longo da obra e propomos alguns caminhos para lidar com alguns dos problemas que levantamos; e um Apêndice, que pretende mostrar um pouco mais sobre o parser Grammar Play, "instrumentalizando" o leitor a ser um usuário crítico e construtivo do parser.

Como desenvolver uma gramática em Prolog

O objetivo do conhecimento teórico é a verdade, enquanto o do conhecimento prático é a eficácia.

Aristóteles

Neste capítulo, veremos alguns pontos pertinentes à metodologia que adotamos para construir a gramática de nosso parser, como (a) de que modo escolhemos as regras sintagmáticas, (b) de que maneira lidamos com os dados, (c) como escolhemos e implementamos o léxico e (d) qual é o nosso *corpus*.[1]

A nossa proposta com este trabalho é desenvolver um parser que dê conta das *sentenças simples declarativas do português*, quer dizer, sentenças que contenham apenas um verbo e não sejam negativas ou interrogativas.[2] Quando falamos que o parser deve "dar conta" desse tipo de sentença, estamos querendo dizer, na verdade, que ele deverá ser capaz de reconhecê-la como uma sentença gramatical da língua portuguesa e atribuir a ela sua correta estrutura de constituintes, de acordo com uma determinada teoria gramatical (a teoria X-barra, como já sabemos). Para que isso aconteça, é preciso que a gramática do programa tenha em sua base de dados, basicamente, dois tipos de informação: regras gramaticais que "autorizem" a sentença (quer dizer, que garantam a sua gramaticalidade) e itens lexicais conhecidos por ele (ou seja, palavras que estejam em seu "dicionário" ou léxico). Por isso, quanto mais estruturas de formação de sentenças e itens lexicais o programa puder reconhecer, maior será o número de frases que ele aceitará e analisará.

Isso nos leva a dois questionamentos: quais serão as regras que deverão ser implementadas computacionalmente (e como faremos isso)? E quais serão os itens lexicais que deverão no léxico de nossa gramática (e, novamente, como faremos isso)?

Implementando as regras sintagmáticas

Para implementarmos as regras da gramática de nosso parser, iremos começar com regras relativamente simples já consagradas na literatura pertinente,[3] como a regra (1):

(1) S → SN SV

Ela quer dizer que uma sentença (S) é formada por um sintagma nominal (SN) e um sintagma verbal (SV). A partir dessa regra, devemos elaborar outras regras para o SN e para o SV, ou conferir o que consta na literatura pertinente:

(2) SN → Det N
(3) SV → V SN

Se quisermos fazer com que a gramática seja eficiente, no entanto, não podemos parar por aí, pois ainda temos de implementar os itens lexicais. Para começar, podemos pegar alguns itens lexicais comumente utilizados em exemplos por sintaticistas, como alguns apresentados em Pagani (2004), por exemplo:

(4) Det → o, a
(5) N → João, Maria
(6) V → ama

No entanto, nossa proposta é desenvolver uma gramática mais abrangente. Ela deve ser capaz de dar conta de diversas estruturas sintáticas da frase simples do português (não apenas S → SN SV). Além disso, nosso parser também deve ser capaz de reconhecer um léxico muito grande (com cerca de 13 mil palavras do português, como veremos adiante).

Para atingirmos nosso objetivo, iremos implementar no programa regras sintagmáticas do português, com base em três fontes:

(i) regras descritas na literatura pertinente, especialmente sobre a língua portuguesa (cf. nota 4);
(ii) exemplos extraídos dessas mesmas obras;
(iii) dificuldades que enfrentarmos com as regras já consagradas.

Vejamos isso mais de perto antes de continuarmos. Implementaremos na gramática de nosso parser algumas regras já consagradas na literatura, como o caso das regras (1), (2) e (3) vistas anteriormente, que podem ser encontradas, por exemplo, em Heckler & Back (1988: 151). A partir delas (e aí já invadimos um pouco as explicações sobre a implementação do léxico), usaremos exemplos apresentados na literatura, que servem para ilustrar ou para testar a regra. Por último, trabalharemos com as dificuldades que encontrarmos para implementar uma regra computacionalmente da melhor maneira possível.

Antes de continuarmos com o exemplo da formação da sentença, vejamos um procedimento de formalização e implementação de regras sintáticas na linguagem Prolog a partir de uma regra de formação do SN descrita por Souza e Silva & Koch (1993: 18). De acordo com as autoras, o SN em português tem a seguinte estrutura:[4]

$$(7)\ SN \rightarrow \begin{Bmatrix} (Det)\ (Mod)\ N\ (Mod) \\ Pro \\ \Delta \end{Bmatrix}$$

Alguns símbolos já são nossos conhecidos, pois os vimos nas páginas anteriores:

SN = Sintagma Nominal
Det = Determinante
N = Nome ou Substantivo

Alguns símbolos podem ser novos:
Mod = Modificador
Pro = Pronome
Δ = Vazio (ou SN não preenchido lexicalmente)

O uso das chaves indica a fusão de diversas regras. No caso de (7), ele mostra que há três descrições possíveis do SN. Veremos que, em Prolog, não temos esse recurso e, se quisermos implementar essa regra em nossa gramática, teremos de descrever três diferentes regras para o SN:

(7.1) SN → (Det) (Mod) N (Mod)
(7.2) SN → Pro
(7.3) SN → Δ

Na verdade, os parênteses são também uma notação nova. Eles assinalam que o item pode ou não aparecer, ou seja, o elemento entre parênteses não é obrigatório. Em Prolog, também não contamos com esse recurso, por isso deveremos ter fôlego para transformar a regra (7.1) nas seguintes:

(7.4) SN → N
(7.5) SN → Det N
(7.6) SN → Det Mod N
(7.7) SN → Det N Mod
(7.8) SN → Det Mod N Mod
(7.9) SN → Mod N Mod
(7.10) SN → Mod N
(7.11) SN → N Mod

Essa adaptação das regras à linguagem Prolog mostra um pouco daquilo que dissemos anteriormente sobre trabalhar com as dificuldades de implementação das regras sintagmáticas já consagradas na literatura lingüística.[5] Mas há mais trabalho envolvido aí. Vamos começar com apenas uma regra das já estudas, digamos com a (7.5). Ela remete-nos a outra regra, já que, de acordo com Souza e Silva & Koch (1993: 17), o Det, em português, pode ser composto, apresentando a seguinte estrutura:

(1) Det → (pré-det) det-base (pós-det)

Agora, já sabemos que, no Prolog, essa regra deverá ser implementada da seguinte maneira:

(8.1) Det → det-base
(8.2) Det → pré-det det-base
(8.3) Det → pré-det det-base pós-det
(8.4) Det → det-base pós-det

Com as regras estudadas e devidamente implementadas em nossa gramática em Prolog, podemos finalmente testar nossa pequena gramática. Já temos regras bastante detalhadas para o SN e podemos juntá-las com as regras (1) e (3) para formarmos uma sentença. Estamos apenas nos esquecendo de um detalhe: o léxico. De onde iremos extraí-lo?

Nossa primeira medida na implementação do léxico foi iniciá-lo *a partir* dos exemplos apresentados na literatura. "A partir" significa que utilizamos os exemplos tal como são apresentados na literatura *e também* fazemos uso de frases ou sintagmas que criamos baseando-nos nos exemplos originais. Para continuar com nossa ilustração, utilizaremos alguns exemplos de Souza e Silva & Koch (1993: 17-8) para o SN (exemplos (1.1), (1.2), (1.3) e (1.6)), bem como alguns exemplos que nosso engenho e arte nos permitiram produzir a partir deles (exemplos (1.4), (1.5) e (1.7)).[6]

(1.1) $_{SN}$[estes meus cinco amigos]
(1.2) $_{SN}$[todos os meus amigos]
(1.3) *$_{SN}$[os estes meninos]
(1.4) $_{SN}$[os meninos]
(1.5) $_{SN}$[estes meninos]
(1.6) *$_{SN}$[dois os livros]
(1.7) $_{SN}$[os dois livros]

Implementaremos no léxico do Prolog todos os itens lexicais recém-envolvidos (*estes, meus, cinco, amigos, todos, os, meninos, dois, livros*), da seguinte maneira: separaremos as palavras de acordo com a sua classe gramatical, a saber, *determinante* e *substantivo*, e as implementaremos em nossa gramática computacional. Uma primeira tentativa seria simplesmente aumentar os dados das regras (4) e (5), vistas anteriormente:

(4.1) Det → os, as, estes, meus, cinco, todos, dois
(5.1) N → João, Maria, amigos, meninos, livros,

No entanto, vimos que o determinante deve ser descrito mais detalhadamente, pois os itens que estão sob esse rótulo, na verdade, podem ser *pré-determinantes*, *determinantes-base* ou *pós-determinantes*, de acordo com Souza e Silva & Koch. Então, refinemos nossas regras.

(4.1.1) Pré-det → todos
(4.1.2) Det-base → os, as, estes
(4.1.3) Pós-det → meus, cinco, dois

Para termos uma noção do todo, vamos reunir as regras de nossa gramática até agora no quadro 1.1 a seguir.[7]

Quadro 1.1
Primeira versão de nossa gramática em Prolog

Regras sintagmáticas:

S → SN SV
SN → N
SN → Det N
SN → Det Mod N
SN → Det N Mod
SN → Det Mod N Mod
SN → Mod N Mod
SN → Mod N
SN → N Mod
SV → V SN
Det → det-base
Det → pré-det det-base
Det → pré-det det-base pós-det
Det → det-base pós-det

Itens lexicais:

V → ama, amam, pega, pegam, lê, lêem
N → João, Maria, amigos, meninos, livros
pré-det → todos
det-base → os, as, estes
pós-det → meus, cinco, dois

Sem ainda entrar em maiores detalhes de programação em Prolog, podemos dizer que, com base na gramática do quadro 1.1, já conseguimos reconhecer as seguintes frases, entre outras:

(1.8) O João tem dois amigos.
(1.9) Todos os meus amigos têm estes livros.
(1.10) Os meninos lêem livros.
(1.11) Estes meninos lêem livros.

Além de poder reconhecê-las como frases gramaticais da língua, nosso analisador também já é capaz atribuir a elas sua devida estrutura de constituintes, aqui representada através de colchetes rotulados. Veja só:

(1.8a) $_S[_{SN}$[O João] $_{SV}$[tem $_{SN}$[dois amigos]]]^8

(1.9a) $_S[_{SN}$[Todos os meus amigos] $_{SV}$[têm $_{SN}$[estes livros]]]

(1.10a) $_S[_{SN}$[Os meninos] $_{SV}$[lêem $_{SN}$[livros]]]

(1.11a) $_S[_{SN}$[Estes meninos] $_{SV}$[lêem $_{SN}$[livros]]]

Além disso, nossa gramática já consegue descartar as frases (1.12) e (1.13), claramente agramaticais:

(1.12) *Os estes meninos lêem livros.
(1.13) *Dois os meninos amam a Maria.

No entanto, a frase (1.14) não será reconhecida por nossa gramática. Por quê?

(1.14) Estes meus cinco amigos amam a Maria.

O atento leitor deve ter notado que há algo errado com o primeiro SN da frase (1.14). Ou melhor, na verdade não há nada errado com esse SN, há algo errado com a nossa gramática: de acordo com ela, não conseguimos reconhecer a regra que permita gerar o SN visto em (1.14), regra esta que foi proposta, como vimos, por Souza e Silva & Koch (1993: 17).

O problema é que há ali a seguinte estrutura: **SN → det-base pós-det pós-det N** ($_{SN}[_{det\text{-}base}$[Estes]$_{pós\text{-}det}$[meus]$_{pós\text{-}det}$[cinco]$_N$[amigos]]), que não é reconhecida por nossa gramática.

Uma solução aparente poderia ser incluir em nossa gramática uma regra que permita a realização desse tipo de estrutura na língua, aumentando o número de regras que dizem respeito à boa formação dos SNs. Essa nova regra garantiria a validade da frase (1.14) atribuindo corretamente a estrutura (1.14a) a essa sentença e poderia ser algo do tipo: **SN → det-base pós-det pós-det N**.

(1.14a) $_S[_{SN}[_{det\text{-}base}[\text{Estes}]_{pós\text{-}det}[\text{meus}]_{pós\text{-}det}[\text{cinco}]\ _N[\text{amigos}]]\ _{SV}[\text{amam}\ [_{SN}[\text{a Maria}]]]$

No entanto, as seguintes frases também seriam consideradas gramaticais, com base nessa mesma regra:

(1.15) *Estes meus meus amigos amam a Maria.
(1.16) *Estes dois cinco amigos amam a Maria.

Há aí um problema. Veremos mais adiante qual solução adotamos para resolvê-lo e como procederemos em casos similares. A esta altura, o leitor já pode ter uma idéia do que quisemos dizer com "implementar regras gramaticais a partir de problemas encontrados em regras consagradas na literatura pertinente". Além desse ínfimo detalhe da ordem dos determinantes dentro de um SN, veremos que ainda temos muitas limitações na nossa primeira gramática esboçada no quadro 1.1.

Um grande problema, por exemplo, diz respeito à concordância verbal e nominal. Não há nada em nossa gramática que descarte as frases (1.17), (1.18) e (1.19), todas elas agramaticais na língua portuguesa, devido a erros no sistema de concordância verbal, nominal ou ambas:

(1.17) *Os meninos lê livros.
(1.18) *Os João tem dois amigo.
(1.19) *Todos o meus amigo tem este livros.

Teremos de resolver esses problemas alterando as regras sintagmáticas para que elas possam levar em conta elementos como a concordância verbal e nominal.

Apesar de muitas obras na literatura lingüística não mencionarem o assunto da concordância na descrição de regras sintagmáticas do português, encontramos propostas interessantes em obras de Lingüística Computacional voltadas para o desenvolvimento de parsers sintáticos, como Beardon, Lumsden & Holmes (1991), Covington (1994), Dougherty (1994) e Pagani (2004).

Sabemos que o leitor pode estar curioso com o desfecho desta trama, mas vamos pedir que aguarde mais algumas páginas até começarmos o desenvolvimento da gramática do Grammar Play. No próximo capítulo, começaremos a mostrar as regras gramaticais que adotaremos para nossa gramática e veremos que, para seguir a teoria X-barra, muitas dessas regras que vimos neste capítulo serão adaptadas ao modelo X-barra. Porém, há ainda outro assunto que devemos tratar antes de arregaçarmos as mangas e começarmos trabalho de descrição sintática e programação: a implementação do léxico.

Como implementar o léxico

Além desses problemas sintáticos que analisamos na seção anterior, há ainda uma qustão de outra ordem. Por que esse pequeno parser que estamos desenvolvendo aceita a frase (1.20), mas não aceita as sentenças (1.21) e (1.22)?

(1.20) O meu amigo tem cinco livros.
(1.21) O meu amigo tem cinco gramáticas.
(1.22) O meu amigo tem cinco revistas.

Aparentemente, as três frases deveriam ser aceitas pelas regras já inscritas em nossa gramática. Afinal, as sentenças (1.20) e (1.21) são idênticas à (1.22), no que diz respeito a suas estruturas sintáticas. Veja só:

(1.20a) S [SN [det-base pós-det N] SV [V [SN [pós-det N]]]
(1.21a) S [SN [det-base pós-det N] SV [V [SN [pós-det N]]]
(1.22a) S [SN [det-base pós-det N] SV [V [SN [pós-det N]]]

O que faz então com que o parser não as reconheça como sentenças gramaticais da língua? A resposta é muito simples: o léxico. Para nossa gramática, as palavras "gramáticas" e "revistas" não querem dizer nada. Como essas palavras não estão presentes em nosso léxico, as sentenças (1.21) e (1.22) não são reconhecidas como sentenças válidas gramáticas da língua. Dê mais uma olhada no quadro 1.1, que contém a gramática desenvolvida até aqui.

Isso suscitou algumas questões importantes: como implementar o léxico no programa? De que *corpus* extraí-lo? Como saber se ele será representativo da língua?

A solução veio com a ajuda de um *corpus* escrito de língua portuguesa disponível na internet, no site do NILC (Núcleo Interinstitucional de Lingüística Computacional), o *corpus* DELAS_PB.[9] De acordo com os próprios pesquisadores do NILC, "os recursos lexicais desenvolvidos neste projeto [de corpora eletrônicos de português brasileiro] foram dicionários para Português Brasileiro utilizando o formalismo DELA (*Dictionnarie Electronique du LADL*)."

Esse *corpus* que utilizamos – o DELAS_PB – contém aproximadamente 67.500 palavras simples da língua portuguesa, em sua forma canônica, separadas em diferentes categorias (substantivos próprios, substantivos comuns, advérbios, adjetivos e verbos).

Por uma questão didática e de economia de tempo, decidimos implementar em nossa gramática apenas as palavras mais usualmente "conhecidas" e "familiares" que estavam nesse *corpus*. Afinal, para os fins a que este livro se destina, lidar com um *corpus* menor não terá problema algum.

O critério que utilizamos, então, para selecionar as palavras de nosso léxico foi bastante simples: "a palavra deve ser conhecida ou familiar". Para efetuar a seleção de palavras "conhecidas" no *corpus* DELAS_PB, deixamos que um falante nativo do português brasileiro[10] escolhesse as palavras que ele conhecia e que estavam presentes naquele léxico. Separamos o *corpus* inicial em três grandes listas: verbos, substantivos comuns e adjetivos. O trabalho de nosso falante nativo foi ler cada lista e excluir toda e qualquer palavra que não conhecesse.

Vejamos como isso funcionou: na tabela 1.1, temos um trecho da lista de verbos do *corpus* DELAS_PB, que passamos a nosso "selecionador de palavras" (na falta de uma expressão melhor). Seu trabalho foi ler toda a relação dos verbos e apagar todas as formas verbais que desconhecesse.[11]

Tabela 1.1
Lista de verbos que iniciam pela letra H, disponíveis no *corpus* DELAS_PB

habilitar	hepatizar	hipotecar	honrar
habitar	herborizar	hirtar	horizontalizar
habituar	herdar	hispanizar	horizontar
hachurar	heroicizar	hispar	horoscopar
halogenar	heroificar	hispidar	horoscopizar
haraganar	hesitar	hissopar	horripilar
haraganear	hiatizar	historiar	horrorizar
harmonizar	hibernar	historicizar	hortar
harpar	hidratar	historizar	hospedar
harpear	hidrogenar	holandizar	hospitalar
harpejar	hidrolisar	homenagear	hospitalizar
hastear	hiemalizar	homicidar	hostilizar
haurir	hierarquizar	homicidiar	humanar
haver	hifenizar	homiliar	humanizar
hebetar	higienizar	homiziar	humectar
hebraizar	hilarizar	homogeneizar	humedecer
hegemonizar	hinir	homogenizar	humidificar
heleborizar	hiperbolizar	homologar	humildar
helenizar	hiperestesiar	honestar	humilhar
hematizar	hipertrofiar	honestizar	humorizar
hematosar	hipnotizar	honorar	
hemolisar	hipostasiar	honorificar	

Dos 86 verbos disponíveis nessa relação dos que começam pela letra H, nosso informante selecionou os 18 seguintes:

Tabela 1.2
Lista de verbos com a letra H selecionados pelo informante

habilitar
habitar
habituar
harmonizar
haver
herdar
hesitar
hidratar
hipnotizar
hipotecar
honrar
horrorizar
hospedar
hospitalar
hospitalizar
hostilizar
humanizar
humilhar

Não questionamos a seleção de nosso falante, nem estamos interessados em saber quais critérios ele usou exatamente na sua escolha. O que nos interessa é implementar nosso léxico computacional na linguagem Prolog para que, ao final deste livro, possamos apresentar um reconhecedor gramatical que possa reconhecer um número bastante grande de palavras da língua portuguesa.

Na verdade, o nosso léxico não será determinado apenas por essa seleção de palavras feita pelo falante, por dois motivos, principalmente: (a) como dissemos anteriormente, uma maneira de testarmos o parser é utilizar exemplos de frases que figuram em obras da literatura pertinente; e (b) nem todas as palavras que o falante escolheu serão contempladas neste trabalho, infelizmente.

Ao pegarmos exemplos emprestados de autores consagrados da literatura sobre sintaxe gerativa e descrição sintática do português, às vezes encontramos palavras que não constam na lista selecionada por nosso falante nativo. Um exemplo disso são as frases (1.23), (1.24) e (1.25) encontradas em Perini (1976: 79), Perini (1989: 22) e Souza e Silva & Koch (1993: 13), respectivamente:

(1.23) Meus sobrinhos fungam continuamente.
(1.24) Newton é um homem grande.
(1.25) A criancinha doente adormeceu.

Em (1.23), temos o verbo *fungar*; em (1.24), o nome próprio *Newton*; e em (1.25), o substantivo *criancinha*. Nenhuma dessas palavras consta na seleção de nosso falante nativo. Como dissemos há pouco, a nós não importa determinar o motivo por que essas palavras não constam em sua seleção; quando nos deparamos com novos itens lexicais nos exemplos da literatura pertinente (como acabamos de ver), não ignoramos a frase em que eles estão inseridos, mas adicionamos essas novas palavras à nossa gramática no Prolog.

Outro motivo que nos obrigou a modificar a relação lexical de nosso informante foi o fato de encontrarmos em sua seleção algumas palavras – especialmente verbos – de difícil tratamento, como os pronominais e reflexivos. Infelizmente, não iremos tratar de casos como esses nesta obra.

Antes de passarmos ao próximo ponto da discussão de nossa metodologia, vamos recapitular alguns passos: vimos há algumas páginas que as frases (1.21) e (1.22) não seriam aceitas por nosso parser porque continham palavras que não constavam no seu conjunto de itens lexicais (as palavras eram "gramáticas" e "revistas", respectivamente). Vimos também que a solução adotada foi implementar um grande número de itens lexicais a partir de um *corpus* contendo cerca de 67.500 palavras simples do português brasileiro, disponibilizado pelo NILC. Essas palavras estão separadas em categorias morfológicas (verbos, adjetivos, substantivos...) e encontram-se em sua forma canônica. Ou seja, todos os verbos estão no infinitivo impessoal (como aparece na tabela 1.1), os substantivos e adjetivos estão na forma masculina singular etc.

Uma questão bastante importante de que o leitor provavelmente ainda não tenha se dado conta e que iremos tratar agora é a seguinte: da mesma forma como as frases (1.21) e (1.22) não foram reconhecidas como gramaticais pela nossa gramática por conterem palavras desconhecidas à lista de itens lexicais do programa, também as sentenças (1.26) e (1.28) seriam tidas como agramaticais, ao passo que (1.27) e (1.29) seriam consideradas perfeitamente gramaticais:

(1.26) O menino ama a Maria.
(1.27) Os meninos amam a Maria.
(1.28) Os meninos leram livros.
(1.29) Os meninos lêem livros.

Pasmem, lingüistas desprevenidos: para nossa gramática, há oito diferentes palavras nas frases (1.26) e (1.27): *o, os, menino, meninos, ama, amam, a, Maria*. Isso quer dizer que teremos de implementar no léxico de nosso programa quatro entradas para cada determinante, substantivo ou adjetivo: duas para flexão de gênero (*o, a, menino, menina, bonito, bonita*) e duas para flexão de número (*o, os, menino, meninos, bonito, bonitos*).[12]

E o que dizer dos verbos? Cada forma verbal infinitiva corresponde a aproximadamente 59 diferentes "palavras" (entre as formas verbais dos modos indicativo, subjuntivo e imperativo). Isso quer dizer que teríamos de transformar a pequena lista contendo 18 verbos com a letra H, vista na tabela 4.2, em uma relação total de aproximadamente 1.062 verbos em nossa gramática computacional em Prolog! Por esse motivo, resolvemos efetuar um corte metodológico e didático aqui neste livro: em relação aos verbos, iremos apenas trabalhar com o presente do modo indicativo, conjugados na terceira pessoa do singular e do plural.

Sabemos o que o leitor deve estar imaginando agora – especialmente aquele nosso leitor sem conhecimento computacional: "Será que não há alguma maneira de o computador conjugar automaticamente todos os verbos? Será que não há como desenvolver um programa para flexionar os substantivos, os adjetivos e os determinantes?".

A resposta é "Sim, há como fazer isso". No entanto, acreditamos que desenvolver um parser morfossintático ou mesmo um *conjugador automático* de verbos fuja aos objetivos do livro.[13]

Notas

[1] Muito desse capítulo está baseado no capítulo quatro de Menuzzi & Othero (2005).

[2] Na verdade, estamos deixando de lado apenas as interrogativas-QU, do tipo *Quem é amigo da Maria? O que a Maria quer de presente?* etc. Analisar frases interrogativas simples que não alteram sua estrutura com relação à sua correspondente declarativa não apresenta problemas. Compare os pares *O João é amigo da Maria. / O João é amigo da Maria?*; *A Maria quer chocolates de presente. / A Maria quer chocolates de presente?*

[3] Por "literatura pertinente", faremos referência especialmente a obras que tratam da descrição sintática do português, como Perini (1976, 1989, 1999, 2000), Lemle (1984), Luft (1986), Heckler & Back (1988), Souza e Silva & Koch (1993), Azeredo (2000), Mioto et al. (2004) e Pagani (2004).

[4] Por ora, não nos interessará propor alterações ou fazer críticas às regras propostas. Nosso trabalho por enquanto consiste apenas em implementar em linguagem Prolog algumas regras de descrição sintagmática do português propostas por outros lingüistas. Veremos que ocasionalmente teremos de rejeitar e até mesmo propor modificações e ajustes a algumas descrições propostas na literatura pertinente, especialmente quando as adaptarmos para o modelo proposto pela teoria X-barra. Da mesma maneira, é importante ter em mente que não estamos fazendo uma descrição sintática da língua portuguesa, mas estamos desenvolvendo

uma gramática computacional em linguagem Prolog, através da implementação de regras sintagmáticas à gramática de nosso programa. Por isso, muitas vezes, as regras não serão as mais elegantes, mas apenas as mais eficientes.

5 Na verdade, para adaptar essas regras sintagmáticas em Prolog, deveríamos escrevê-las sempre em letras minúsculas e utilizando vírgulas entre os constituintes. Ou seja, ao invés de **SN → Det N**, por exemplo, teríamos de escrever **sn → det, n.** em um programa em Prolog. Não utilizo a notação Prolog porque ela não parece ser essencial neste momento. Veremos como isso funciona mais de perto no capítulo terceiro.

6 Lembre-se de que o asterisco marca uma sentença ou um constituinte agramatical.

7 A única modificação em relação ao que vimos até agora foi que ampliamos a classe dos verbos (amam, pega, pegam, lê, lêem).

8 Para facilitar a visualização, mostramos uma representação da estrutura de constituintes relativamente simples, apontando unicamente a classe dos sintagmas. No entanto, nossa gramática, a essa altura, já teria condições de proceder com uma representação mais completa, identificando até mesmo os níveis dos itens lexicais: $_S[_{SN}[_{det-base}[O]_N[João]]_{SV}[_V[tem]\ [_{SN}[_{pós-det}[dois]_N[amigos]]]]]$.

9 Esse *corpus* pode ser obtido em www.nilc.icmc.usp.br:8180/unitex-pb/dicionarios.html.

10 Aqui não nos importa debater questões sociolingüísticas sobre nosso informante, mas algumas informações talvez possam eventualmente ser relevantes para algum leitor mais "sociolingüista": nosso falante é do sexo feminino, tem 19 anos, mora desde que nasceu em uma região urbana (a saber, na região da Grande Porto Alegre – RS) e seu grau de escolaridade é terceiro grau incompleto.

11 Esse exemplo da tabela 1.1 serve apenas para ilustrar o trabalho de nosso informante. Na verdade, a relação total de verbos que ele recebeu continha 10.097 verbos.

12 Algumas palavras, no entanto, não sofrem flexão de gênero ou número, como, por exemplo, *três* (pré-det sem flexão de gênero e número), *ônibus* (N sem flexão de gênero e número), *inteligente* (Adj sem flexão de gênero) etc.

13 Sobre parsers morfológicos e morfossintáticos, cf. Dougherty (1994), Cole et al. (1997), Garside, Leech & McEnery (1997) e Vieira & Lima (2001) e ainda o site do NILC (www.nilc.icmc.usp.br/nilc/index.html). Além disso, em www.flip.pt, o leitor irá encontrar os programas Wordbreaker e Stemmer, que lidam com a estrutura morfológica de palavras do português, e em www.linguateca.pt, há inúmeros *links* para ferramentas lingüísticas que lidam com a morfologia do português.

Descrição sintática dos sintagmas em português brasileiro visando à implementação computacional

O grande problema em PNL é, contudo, que nós ainda não compreendemos completamente o funcionamento da linguagem humana.

McDonald & Yazdani

Dividimos este capítulo em cinco grandes partes: uma trata do sintagma nominal (SN), uma do sintagma adjetival (SAdj), outra do sintagma preposicional (SP), outra do sintagma verbal (SV) e finalmente uma seção destinada ao tratamento do sintagma adverbial (SAdv).

O sintagma nominal

Para descrevermos o SN, partimos de análises que encontramos na literatura pertinente sobre a descrição sintática do português. Já apresentamos o modelo de descrição do SN proposto por Souza e Silva & Koch (1993: 18), repetido aqui a seguir:

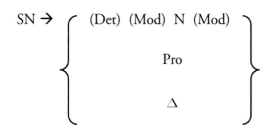

Além da descrição proposta por Souza e Silva & Koch, inspiramo-nos também no modelo de Lemle (1984) e nas detalhadas explicações de Perini (principalmente 1989 e 2000). Lemle (1984: 150) apresenta a seguinte regra para a descrição do SN:

SN → ((Quant) Det) (Adj)* (N) (Adj)* (SPrep)* (Adj)* (S)*

Onde temos:
Quant = quantificadores
SPrep = sintagma preposicional
* = representa a repetição do item (por exemplo: **Adj*** N significa que pode haver incontáveis adjetivos antes do N. É uma forma de expressar a recursão).

Antes de pensarmos em implementar essas regras computacionalmente na linguagem Prolog, preocupamo-nos em adaptá-las ao esquema da teoria X-barra, que resolvemos adotar para a descrição sintática do português na gramática de nosso parser.

Propusemos, então, as seguintes regras:

(1) SN → det N'
(2) SN → N'

(3) SN → pré-det SN
(4) N' → Pro
(5) N' → N
(6) N' → SAdj N'
(7) N' → N' SAdj
(8) N' → N' SP

Repare que a teoria X-barra torna possível a elaboração de regras muito mais simples e muito mais robustas do que o modelo que apresentamos no capítulo anterior. Com o modelo X-barra, o poder de descrição é muito maior, pois podemos utilizar estratégias de recursão facilmente, o que, entre outras coisas, permite-nos elaborar muito menos regras para a descrição sintagmática dos constituintes.

Sem a teoria X-barra, por exemplo, tínhamos as regras (7.4) a (7.11), baseadas no modelo de descrição do SN apresentado por Souza e Silva & Koch (1993: 18).

(7.4) SN → N
(7.5) SN → Det N
(7.6) SN → Det Mod N
(7.7) SN → Det N Mod
(7.8) SN → Det Mod N Mod
(7.9) SN → Mod N Mod
(7.10) SN → Mod N
(7.11) SN → N Mod

E, se precisássemos descrever um sintagma com dois modificadores à esquerda, teríamos de criar uma nova regra:

(7.12) SN → Mod Mod N

Se encontrássemos um SN com três modificadores à esquerda, por exemplo, teríamos de elaborar ainda outra regra:

(7.13) SN → Mod Mod Mod N

E assim sucessivamente: sempre que encontrássemos um elemento recursivo dentro do SN, teríamos de elaborar outras regras. Com a teoria X-barra, passamos a utilizar regras recursivas e binárias, que garantem maior poder de descrição e – por que não? – mais elegância na representação da estrutura de constituintes, além de também terem maior correção empírica, como se pode verificar por vários testes de constituintes.

Mas vejamos mais de perto por que decidimos adotar essas regras (1) a (8). Vamos ilustrar cada uma delas utilizando exemplos apresentados na própria literatura pertinente, que, como dissemos, também nos serviu de ponto de partida para adaptarmos as regras sintáticas de descrição do português para a teoria X-barra. Alguns dos exemplos, no entanto, serão criados por nós.

Vejamos a regra (1) representada em forma de estrutura arbórea.

(1) SN

det   N'

Como ela não finaliza em nós terminais, devemos aplicar uma regra que diga respeito ao N', como a regra (5):

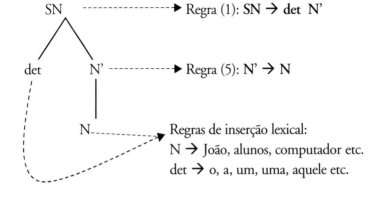

As regras (1) e (5) dão conta dos SNs destacados(2.1) em (2.2), por exemplo:

(2.1) [Os alunos] leram o livro. (Heckler & Back, 1988: 151)
(2.2) [Aquele computador]. (Perini 2000: 95)

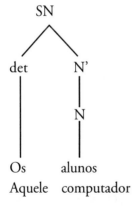

Já a regra (2), também em conjunto com a regra (5), dá conta dos SNs destacados nas seguintes sentenças, justificando sua adoção para a descrição dos SNs em português:

(2.3) [Jorginho] levou trote na faculdade. (Perini, 1976: 85)
(2.4) [Ana] resumiu a estória. (Azeredo, 2000: 69)

Repare que usamos duas regras ((2) e (5)) para representar a seqüência

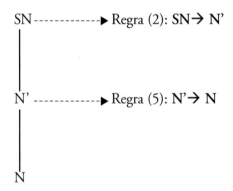

O leitor ingênuo pode estar agora pensando por que não elaboramos apenas uma regra para representar esse tipo de SNs, que é composto apenas por um N. Possivelmente, nosso leitor até mesmo tenha já imaginado a regra que aparentemente seria mais simples: **SN→ N**.

O motivo por que adotamos duas regras, em vez de apenas uma, pode ser encontrado nas bases da própria teoria X-barra. Vejamos o modelo proposto pela teoria:

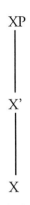

Ou seja, há fortes indícios de que, entre uma projeção sintagmática máxima (**XP**) e o nó terminal (**X**), deve aparecer uma projeção intermediária (**X'**). Mesmo quando aparentemente não há necessidade de mostrar o nó intermediário (e, de fato, encontramos em muitos livros de Sintaxe Gerativa algumas representações que suprimem o nó intermediário, meramente por questão de economia), o parser que desenvolveremos aqui, o Grammar Play, vai sempre mostrar essa categoria intermediária, já que a regra assim o prediz.

Ainda nesse espírito de representação das categorias intermediárias, encontramos a regra (4), que torna possível a análise de SNs formados por pronomes pessoais ou demonstrativos, como vemos nos exemplos (2.5) e (2.6):

(2.5) [Ele] comprou o carro. (Heckler & Back, 1988: 165)
(2.6) [Isso] é um mistério.[1]

```
SN
│
N'
│
Pro
│
Ele
Isso
```

A regra (3) aparece para dar conta de SNs que apresentam mais de um determinante, ou melhor, SNs com um **predeterminante** e um **determinante** (ou determinante-base), como (2.7) e (2.8):

(2.7) [Todos os alunos]. (Souza e Silva & Koch, 1993: 17)
(2.8) [Todas aquelas meninas].

```
        SN  ----------------▶ Regra (5): SN → pré-det  SN
       /  \
  pré-det  SN  --------------▶ Regra (3): SN → det  N'
           / \
         det  N'  -----▶ Regra (7): N' → N
              │
              N
              │
  Todos  os   alunos
  Todas  aquelas meninas
```

Veremos um pouco mais adiante que, ao adotarmos a teoria X-barra, tivemos de deixar de lado aquela organização dos determinantes que esboçamos no capítulo primeiro. Por ora, continuemos com a explicação das regras elaboradas e adotadas para a gramática do Grammar Play.

As regras (6) e (7) dizem respeito a SNs que contêm SAdjs. Elas garantem que o sintagma adjetival possa aparecer **antes de um N'** ou **depois de um N'**. Vejamos:

(2.9) [O grande livro] pertence a ele. (Heckler & Back, 1988: 156)

(2.10) [Meus sobrinhos] fungam continuamente. (Perini, 1976: 79)

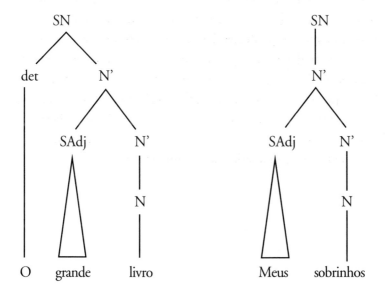

"Mas há alguma errada aí! Por que há a representação de uma categoria intermediária entre o SN e o N (**SN – N' – N**), e não há nenhuma categoria intermediária entre o SAdj e o item lexical?"

Sim, o leitor tem toda a razão. Para manter a simetria e a coerência da teoria, devemos aplicar os mesmos critérios na representação de todos os sintagmas. Afinal, quando apresentamos o modelo X-barra, propusemos esta estrutura: **XP – X' – X**, onde X pode ser N, Adj, V, P, Adv etc.

Veremos mais à frente, quando tratarmos das regras dos sintagmas adjetivais, que eles também apresentam esse mesmo tipo de representação, sempre: **SAdj – Adj' – Adj**.

Por ora, vamos simplificar a árvore (para isso, usamos o triângulo) e não iremos mostrar o que acontece dentro de outros sintagmas que não o SN, apenas se for estritamente necessário.

Outro detalhe que o leitor deve ter notado diz respeito à nossa escolha por classificarmos os pronomes possessivos como adjetivos e não como determinantes (como havíamos feito no primeiro capítulo). Na verdade, temos apenas dois tipos de determinantes: os **predeterminantes** e os **determinantes-base**.

Os predeterminantes são apenas as palavras *todos* e *ambos* (e suas flexões). Eles podem aparecer antes de um determinante-base, que são os *artigos definidos*, *indefinidos* e os *pronomes demonstrativos* (à exceção de *isto*, *isso* e *aquilo*). Veja a tabela 2.1, que mostra os dados referentes aos determinantes tal como estão representados na gramática do Grammar Play.

Tabela 2.1
Predeterminantes e determinantes-base

Predeterminantes	pre_det([masc,plur], todos). pre_det([fem,plur], todas). pre_det([masc,plur], ambos). pre_det([fem,plur], ambas).
Determinantes-base	det([masc,sing], o). det([fem,sing], a). det([masc,plur], os). det([fem,plur], as). det([masc,sing], um). det([fem,sing], uma). det([masc,plur], uns). det([fem,plur], umas). det([masc,sing], este). det([fem,sing], esta). det([masc,plur], estes). det([fem,plur], estas). det([masc,sing], esse). det([fem,sing], essa). det([masc,plur], esses). det([fem,plur], essas). det([masc,sing], aquele). det([fem,sing], aquela). det([masc,plur], aqueles). det([fem,plur], aquelas).

Essa classificação não é originalmente nossa: seguimos parcialmente as propostas de Perini (1989), Lemle (1984) e Souza e Silva & Koch (1993), mesmo sabendo de seus problemas e limitações.

Por exemplo, ao classificarmos *ambos* como predeterminante, estaremos aceitando também seqüências como *ambos*

N e *ambas N* (como em *Ambas gurias gostam do João*), que não são aceitas pelas regras gramaticais da norma culta do português. No entanto, acreditamos que sentenças como (2.11) e (2.12) são perfeitamente aceitáveis em português brasileiro.

(2.11) Comprei ambos livros.
(2.12) Ambas meninas gostam de Sintaxe.

Além desse detalhe, temos de levar em conta o predeterminante *todos*, que é especialmente problemático. Veja as seguintes frases:

(2.13) [Todos os estudantes] adoram Sintaxe.
(2.14) [Os estudantes todos] adoram Sintaxe.
(2.15) ? [Os estudantes de Letras todos] adoram Sintaxe.

Esse "predeterminante" pode, na verdade, aparecer em duas posições: antes do SN ou depois do SN, em uma posição típica de adjetivo pós-nominal.[2] A saída que adotamos para que o parser reconheça as sentenças (2.13), (2.14) e (2.15) foi colocar a palavra *todos* em duas entradas no dicionário do Grammar Play: ele aparece como **predeterminante** e como **adjetivo** (masculino plural).

No entanto, essa estratégia trouxe consigo um problema: ao considerarmos *todos* como adjetivo, o Grammar Play também irá aceitar a sentença (2.16):

(2.16) *[Os todos estudantes] gostam de Sintaxe.

Para que nosso parser reconhecesse as sentenças (2.13), (2.14) e (2.15), mas não reconhecesse (2.16) como uma sentença gramatical da língua, deveríamos implementar uma espécie de *filtro de adjetivo pós-nominal*, em nossa gramática. Ou seja, deveríamos ter, em princípio, três classes de adjetivos: os **pré-nominais** (que aceitam ir somente antes do nome-núcleo do SN, como *mero, mesmo, suposto*), os **pós-nominais** (que aceitam somente a posição pós-nominal, como *gaúcho, vermelho, todos*) e os **regulares** (que podem aparecer tanto antes do nome-núcleo do SN como depois dele, como *grande, lindo, vagaroso*).[3]

Como ainda não há estudos detalhados e precisos sobre colocação adjetival em português, resolvemos não criar essas três classes de adjetivos em nossa gramática.[4] Por ora, então, nosso parser continuará a proceder com a análise tal qual descrevemos há pouco: consideraremos *todos* tanto como *pré-determinante*, quanto como *adjetivo* (este sem restrição posicional).

Voltando às explicações sobre as regras que envolvem o SAdj, vimos que a regra (6) diz respeito a SNs do tipo [o grande livro], [meus sobrinhos] etc. Esses SNs apresentam um SAdj antes do N'.

A regra (7), por sua vez, trata de SNs que apresentam um SAdj após o N'. Vejamos os seguintes exemplos:

(2.17) [A criancinha doente] adormeceu. (Souza e Silva & Koch, 1993: 13)
(2.18) [O ataque japonês] se deu de madrugada. (Perini, 2000: 104)

A representação arbórea desses SNs é validada pelas regras (1), (7) e (5), respectivamente.

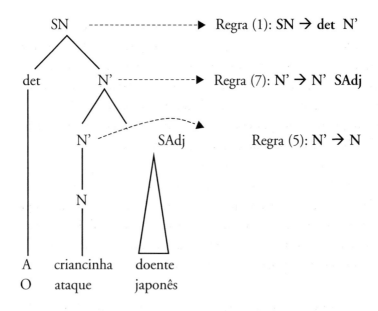

Repare que as regras (6) e (7) são praticamente idênticas: elas dizem que um **N'** domina imediatamente um **N'** e um **SAdj**. No entanto, devemos ter as duas regras em nossa gramática, porque cada uma delas especifica exatamente a **ordem linear** em que os constituintes devem aparecer na estrutura de constituintes do N': a regra (6), como vimos, especifica que o **N'** deve dominar um outro **N'** precedido por um **SAdj** irmão (**N'** → **SAdj N'**); e a regra (7) prediz que o **N'** domina um **N'** sucedido por um **SAdj** irmão (**N'** → **N' SAdj**).

Há formalismos apresentados em modelos de descrição de sistemas lingüísticos em sintaxe formal que trazem regras de reescrita de diferente natureza. Gazdar, Klein, Pullum & Sag (1985), por exemplo, apresentam regras do tipo ID, do inglês *immediate dominance* (dominância imediata), e LP, do inglês *linear precedence* (precedência linear), que substituem as *PS rules* clássicas.

As regras ID não especificam a ordem linear dos constituintes, apenas mostram a sua relação de dominância. De acordo com esse modelo, poderíamos ter apenas uma regra ID no lugar das duas (6) e (7), que são regras clássicas de reescrita (ou *PS rules*). Depois, poderíamos ter uma regra LP que especificasse a ordem dos constituintes dentro do N', se assim o desejássemos.

Não aplicaremos esse formalismo na gramática do parser que desenvolveremos aqui porque, até onde sabemos, o Prolog não lida com esse tipo de regras. Além disso, com o modelo X-barra que adotamos, nossa gramática ficou razoavelmente elegante e econômica.

As regras (6) e (7) ainda são bastante interessantes, porque com elas começamos a perceber o poder fascinante e, ao mesmo tempo, a grande limitação do Prolog para a implementação de regras sintagmáticas. Essas duas regras são chamadas de recursivas, pois parte de sua descrição pode chamar a si mesma para que se resolva (confuso, não?). Vejamos mais alguns exemplos, para clarear a idéia da recursão.

A regra (6) aplica-se a SNs como (2.19) e (2.20):

(2.19) [Uma incrível má sorte]. (Lemle, 1984: 151)

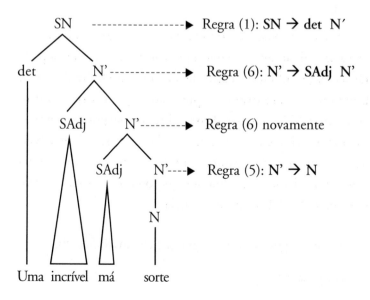

(2.20) [O único incrível insubstituível amigo]. (Lemle, 1984: 151)

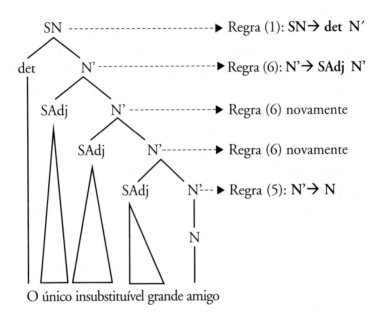

As regras recursivas permitem a repetição de um constituinte *ad infinitum*. Lembre-se de que a gramática de uma língua pode gerar sentenças infinitas a partir de um conjunto finito de regras. Obviamente, acreditamos que não seja muito comum encontrarmos SNs com mais de três adjetivos antepostos ao nome, mas, em teoria, sintaticamente falando, isso é possível. Pragmaticamente, SNs sobrecarregados não são comuns na comunicação diária e acreditamos que poucas pessoas utilizem SNs como o de (2.20) com freqüência.

Vejamos agora a última regra que envolve o SN (8):

(8) N' → N' SP

O leitor deve ter notado que o Grammar Play não faz distinção entre **complementos** e **adjuntos**. Nos moldes da teoria X-barra padrão, há uma diferença na estrutura sintagmática entre complementos e adjuntos que pode ser percebida nas relações de dominância. Veja a estrutura a seguir:

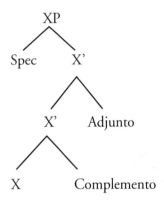

Um complemento está mais próximo ao núcleo (é *irmão* de X), enquanto o adjunto vem ao lado do constituinte intermediário (é *irmão* de X'). Não fazemos esta distinção na estrutura interna do SN, porque a teoria ainda não está suficientemente sistematizada em português.[5]

Por isso, as regras vistas até aqui que envolvem SAdjs e SPs mostram-nos sempre como irmãos da projeção intermediária do núcleo (**N'**), nunca irmãos do nó terminal (**N**).

Vejamos a aplicação da regra (8) em algumas sentenças:

(2.21) [O menino da camisa verde] apareceu. (Heckler & Back, 1988: 153)

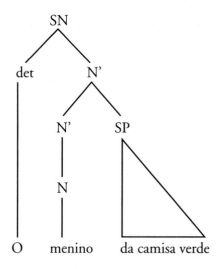

(2.22) [Camisa nova do Ferdinando]. (Lemle, 1984: 151)

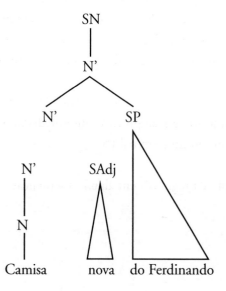

Essa regra torna possível a recursão de SPs dentro do SN. Isso quer dizer que o Grammar Play conseguirá analisar tanto a frase *A amiga da Maria gosta do João*, como *A amiga da vizinha do tio do colega do namorado da prima [...] da Maria gosta do João*.

O sintagma adjetival

Para a descrição do sintagma adjetival, partimos da análise de Lemle (1984: 153), que apresenta a seguinte regra para a geração do SAdj:[6]

SAdj → (Adv) Adj (Adv) (SP)*

Também consideramos os estudos de Perini (1989; 2000). Ao tentarmos implementar as regras de descrição do SAdj, atentamos para o alerta de Perini (2000: 113), a estrutura interna do SAdj encerra alguns mistérios que estão ainda à espera de estudos aprofundados. Vou aqui apontar apenas algumas linhas gerais, pois qualquer tentativa de análise mais completa seria prematura. Mesmo o estabelecimento de um SAdj máximo apresenta, como veremos, certas dificuldades.

Ainda assim, cientes das dificuldades, adaptamos a regra proposta por Lemle (1984) para o modelo da teoria X-barra e obtivemos:

(9) SAdj → Adj' SAdv
(10) SAdj → Adj' SP
(11) SAdj → SAdv Adj'
(12) SAdj → Adj'
(13) Adj' → Adj

(14) Adj' → SAdv Adj'
(15) Adj' → Adj' SAdv
(16 Adj' → Adj' SAdv

Vejamos qual a função dessas regras.

Combinando as regras (12) e (13), obtemos a seguinte estrutura do SAdj:

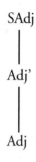

Essa estrutura dá conta de sintagmas adjetivais como os das frases (2.23) e (2.24):

(2.23) Teus livros são [bons]. (Heckler & Back (1988: 157))

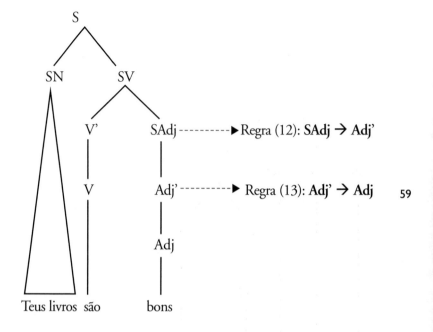

(2.24) Newton é um [grande homem]. Perini (1989: 22)

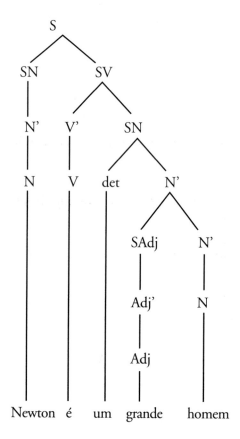

Já a regra (10) diz respeito a sintagmas adjetivais modificados por sintagmas preposicionais. Decidimos também não fazer a distinção entre complementos e adjuntos aqui no SAdj. Sendo assim, os SPs serão sempre irmãos do Adj', nunca do Adj; ou seja, os SPs estarão sempre na posição de adjuntos dentro do SN e do SAdj, nunca na posição de complementos.

Na verdade, de acordo com Mioto et al. (2004: 97), a posição prototípica do SP é a de adjunto:

[...] lembremo-nos, em primeiro lugar, de que ele [o SP] é talhado para **ser** adjunto e que ser complemento não é sua função prototípica. Se um constituinte tem a forma de PP [nosso SP] e a função de argumento, a preposição que o encabeça vai ser do tipo funcional: ela não contribui para fixar o papel semântico do seu complemento. Se, por outro lado, o constituinte tem a forma de PP e função de adjunto, a preposição que o encabeça vai ser do tipo lexical: o papel semântico do seu complemento é fixado por ela. (grifos dos autores)

Acreditamos que ainda faltam explicações e descrições mais claras para a distinção *complemento x adjunto*, quando tratamos de SNs e SAdjs em português. Por isso, tomamos a decisão de não fazer essa distinção em nossa gramática.[7]

Vejamos os exemplos (2.25) e (2.26).

(2.25) [Chata para burro]. (Lemle, 1984: 153)
(2.26) [Salgado em excesso]. (Lemle, 1984: 153)

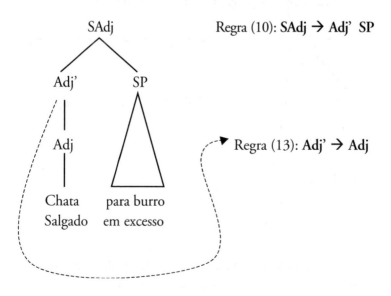

As regras (9) e (11), por sua vez, tratam de sintagmas adjetivais que tenham sintagmas adverbiais (SAdv) como modificadores. A regra (11) autoriza sintagmas adjetivais com esse tipo de modificadores **depois do Adj'**, e a regra (9), **antes do Adj'**.

(2.27) [Enfeitada demais]. (Lemle, 1984: 153)

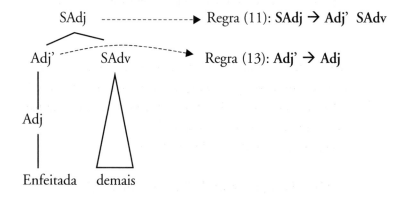

(2.28) [Muito elegante]. (Lemle, 1984: 153)

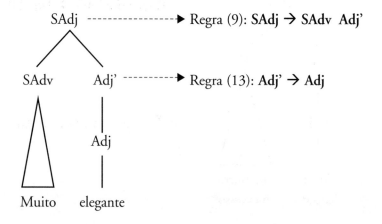

Depois, temos as regras (14) e (15), que dão conta de SAdjs como os apresentados nos exemplos seguintes:

(2.29) [Muito longo para a introdução]. (Lemle, 1984: 153)

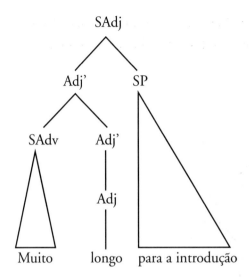

(2.30) [Magro demais para um boxeador]. (Lemle, 1984: 153)

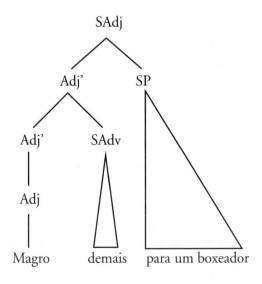

Por fim, temos a regra (16), que descreve sintagmas adjetivais como os que vemos nos exemplos a seguir:

(2.31) A casa está [sempre bem arrumada para a festa].
(2.32) Maria está [sempre muito bonita para o João].

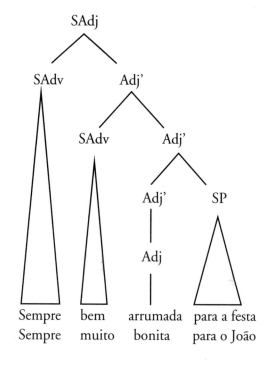

Um problema com o SAdj

Veja o exemplo proposto por Perini (2000: 117):

(2.33) Um funcionário [com freqüência bêbado].

Esse SAdj infelizmente não será reconhecido por nossa gramática, pois apresenta uma estrutura atípica no português:

SAdj → SP Adj'. Se implementássemos essa regra em nossa gramática, estaríamos generalizando um fato que não se mostra efetivamente geral e parece restringir-se a expressões fixas na língua. Portanto, acompanhando a opinião de Perini (2000: 118), a respeito desse tipo de construção "fazem-se necessários estudos mais detalhados". Por isso, resolvemos não implementar em um sistema computacional uma descrição que, mesmo no nível lingüístico, ainda não é suficientemente satisfatória.

O sintagma preposicional

Elaboramos as seguintes regras para a descrição do SP, em português:

(17) SP → P SN
(18) SP → P SAdv

Vejamos alguns exemplos que justifiquem a elaboração dessas regras. A regra (17) pode ser aplicada na análise dos SPs vistos nos seguintes exemplos:

(2.34) Ele entrou na sala [de professores]. (Mioto et al., 2004: 114)
(2.35) O gorducho visitou Paris [no inverno]. (Perini, 1989: 17)

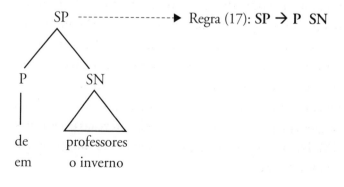

A regra (18) aplica-se em casos em que temos uma preposição seguida de um SAdv, como em (2.36) e (2.37):

(2.36) Ela sempre passa [por aqui]. (Perini, 2000: 338)
(2.37) [Até amanhã]. (Lemle, 1984: 164)

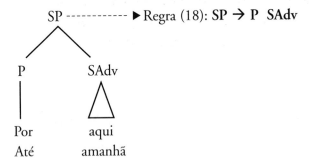

O leitor deve ter notado que, para a descrição dos sintagmas preposicionais, também não fizemos a distinção entre complementos e adjuntos. No entanto, vimos na descrição do SN e do SAdj que decidimos deixar o nó terminal (**N** e **Adj**, respectivamente) sempre sozinhos, sem nós irmãos. Com isso, estipulamos que sintagmas modificadores que estivessem dentro da projeção máxima (**SN** e **SAdj**) devessem sempre aparecer na posição tradicional de adjuntos (mais acima na árvore, como irmãos dos nós intermediários **N'** e **Adj'**).

Aqui, na descrição do SP, vimos que tanto o SN quanto o SAdv modificadores aparecem na estrutura arbórea como irmãos de P, ou seja, são sempre complementos de P. Além disso, na descrição do SP, não estamos levando em consideração o nó intermediário P'. Veremos o porquê disso mais adiante.

Sabemos, no entanto, que há em português mais construções com sintagmas preposicionais do que aquelas previstas pelas regras (17) e (18). Na próxima seção, iremos tratar desses sintagmas que fogem à nossa descrição.

Alguns problemas na descrição do SP

Dê uma olhada nos exemplos a seguir:

(2.38) [Para com os colegas]. (Lemle, 1984: 161)
(2.39) [Para fora de casa]. (Lemle, 1984: 161)

Nesses exemplos, o SP parece ter uma estrutura do tipo **SP** → **P SP**. Tradicionalmente, as gramáticas normativas do português classificam esse tipo de construção como **locução prepositiva**.[8]

De acordo com esse ponto de vista – e também com a proposta defendida por Lemle (1984: 160-3) –, a árvore sintática de (2.39) é a seguinte

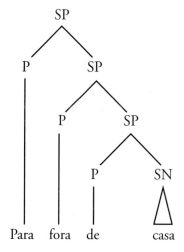

Decidimos não adicionar em nossa gramática uma regra que dê conta desse tipo de estrutura por basicamente dois motivos: (i) acreditamos que muitas dessas preposições que figuram em *locuções prepositivas* parecem se comportar como advérbios e deveriam ser classificadas como tal (como veremos adiante); e (ii)

uma regra como **SP → P SP** poderia permitir sentenças agramaticais como (2.40) e (2.41):[9]

(2.40) *Maria encontrou João [em de cama].
(2.41) *João escreve [para com o Pedro].

Um outro problema na descrição do SP levantado por Lemle (1984: 160) pode ser visto em orações como (2.42) e (2.43):

(2.42) João dormiu [fora]. (Lemle, 1984: 160)
(2.43) Einstein foi [além]. (Lemle, 1984: 160)

Para analisar casos como esses, conhecemos duas alternativas: (i) podemos considerar *fora* e *além* preposições e estipular uma regra **SP → P**; ou (ii) podemos considerar *fora* e *além* advérbios. Esse ainda não é um ponto consensual nos estudos gramaticais do português.

Se adotarmos a primeira solução, estaremos aceitando uma regra prevista pela a teoria X-barra, sem qualquer contradição ao modelo: **SP → P**. Na verdade, deveríamos propor duas regras, para ficar em sintonia fina com a teoria: **SP → P'** e **P' → P**. Vimos que o modelo justamente propõe regras do tipo SX – X' – X. Já aplicamos esse princípio ao estudarmos a estrutura do SN, por exemplo: SN – N' – N.

Porém, essa regra autorizaria sentenças agramaticais que devem ser evitadas, como

(2.44) *João gosta [de].
(2.45) *Maria saiu [com].

Uma solução proposta a esse problema foi dada por Jackendoff (1973) e é mais ou menos o que segue: devemos postular a existência de preposições **transitivas** e **intransitivas**. As preposições de (2.42) e (2.43) seriam intransitivas, que não necessitam de complemento algum, enquanto as preposições vistas em (2.44) e (2.45) seriam transitivas, que necessitam de um complemento para tornarem as sentenças gramaticais.

Para Lemle (1984: 161), grande virtude dessa proposta é que ela

> [...] tem o poder de revelar a semelhança existente entre a classe das preposições e as demais classes de palavras, pois só com esse tratamento ganhamos a generalização de que a transitividade ou intransitividade é uma propriedade de subcategorização estrita não apenas dos verbos, mas também dos nomes, adjetivos e preposições. Constatar paralelismos intercategoriais é ir ao encontro da teoria do X'.

Essa proposta parece bastante atraente, mas não a adotaremos, em função de poucos estudos que foram feitos sobre a transitividade das preposições em português. Além disso, a proposta parece ser suficientemente esclarecedora para o inglês, que pode ter casos como *John lives near* e *John lives near school*. Porém, em português, não podemos ter *O João dormiu fora* paralelo a **O João dormiu fora casa*. Para tornar essa segunda sentença gramatical, devemos introduzir a preposição *de*: *O João dormiu fora de casa*.

A segunda proposta, por sua vez, parece mais consensual (ao menos de acordo com a tradição gramatical). De acordo com essa proposta, para analisarmos as sentenças (2.42) e (2.43), devemos considerar as palavras *fora* e *além* advérbios e não preposições. Então, como já dissemos, iremos adotar a segunda proposta para aplicação na gramática do Grammar Play.

O sintagma verbal

Elaboramos as seguintes regras para a descrição do sintagma verbal em português brasileiro:

(19) SV → V'
(20) SV → V' SP
(21) SV → SAdv V'
(22) SV → V' SAdv
(23) V' → V' SN
(24) V' → V' SP
(25) V' → SAdv V'
(26) V' → V' SAdv
(27) V' → V
(28) V' → V SN
(29) V' → V SP
(30) V' → V SAdj
(31) V' → V SAdv

Analisemos uma a uma e vejamos como elas podem descrever o SV em português. Antes de começarmos, no entanto, devemos dizer que estamos entrando em um assunto delicado, que irá tratar também da questão da transitividade verbal. Para relembrar o leitor: os verbos em português são tradicionalmente classificados em cinco diferentes tipos, de acordo com a sua transitividade. Eles podem ser *intransitivos, transitivos diretos, transitivos indiretos, bitransitivos* ou ainda *verbos de ligação*.

Vimos que até agora não tínhamos feito a distinção entre itens lexicais transitivos e intransitivos. Porém aqui, com os verbos, iremos levar esse fenômeno em consideração. Como os estudos envolvendo a transitividade verbal são relativamente consensuais em português, poderemos implementar computacionalmente regras distintas para os verbos, dependendo de sua subcategorização. Veremos, no entanto, que esse não é um ponto completamente pacífico nem em português, nem no modelo geral da teoria X-barra.

Comecemos com as regras (19) e (27), que analisam o SV das seguintes sentenças:

(2.46) O queijo [apodreceu]. (Perini, 1976: 92).
(2.47) O gelo [derreteu]. (Azeredo, 2000: 76)

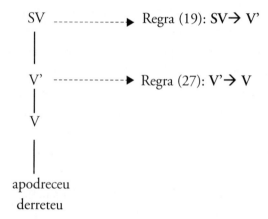

Nesses exemplos, ambos os verbos são intransitivos, ou seja, não necessitam de complemento verbal.

Já a regra (20) dá conta de SVs que contenham um *modificador* – e por isso, adjunto – do núcleo verbal. Pelo fato de o SP ser um adjunto, sua posição, como já sabemos, é acima do nó terminal V, sendo irmão do V'. Nossa representação do SV faz, na verdade, uma simplificação.

De acordo com a teoria X-barra padrão, o esquema de representação do SV é o seguinte:[10]

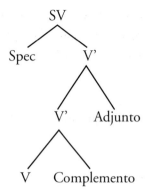

Em nosso trabalho, no entanto, não lidaremos com nenhum termo que tenha a função de Spec do SV (que em geral são os quantificadores flutuantes). Por isso, para simplificarmos a apresentação do SV, os adjuntos poderão aparecer imediatamente dominados pela projeção máxima do constituinte (também fizemos isso na descrição do SAdj e do SP; se o leitor voltar algumas páginas, poderá conferir que, nesses sintagmas, também não previmos a posição do Spec. No SN, contudo, deixamos a posição do Spec destinada para os determinantes, seguindo a teoria padrão proposta pelo modelo X-barra).

De acordo com Menuzzi (em comunicação pessoal),

[...] dificilmente os "verdadeiros especificadores" do SV – os quantificadores flutuantes – aparecem, resultando que a maioria dos SVs aparece com uma "projeção nula", não ramificante, p. ex.:

Para evitar isso, podemos abreviar a árvore omitindo a projeção não ramificante e colocando o SAdv diretamente debaixo do SV, como em:

Fazendo isso, temos uma árvore menos complicada de ver, embora teoricamente incorreta.

Tendo em mente essa simplificação, vejamos os exemplos a seguir:

(2.48) A Maria [desmaiou sobre a mesa]. (Mioto et al., 2004: 82)
(2.49) [Nevou em Fortaleza]. (Mioto et al., 2004: 116)

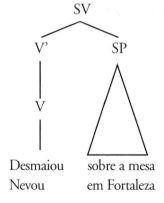

Não nos preocupará aqui argumentar a favor da distinção entre adjuntos e complementos ou mesmo contra ela. Como já alertamos anteriormente, iremos fazer uma aplicação computacional de teorias lingüísticas. Por isso, trataremos de casos relativamente consensuais entre as teorias de descrição sintáticas atuais do português.[11]

Por aceitarmos aqui a distinção entre adjuntos e complementos, elaboramos a regra (29), que diz que um V' é formado por um V e por um SP irmão. Essa regra difere sutilmente – mas em um ponto crucial – das regras (20), que já estudamos, e (24). As duas últimas prevêem que o nó terminal V fique sozinho, enquanto o SP aparece na posição de adjunto, ou seja, irmão de V'.

Vejamos alguns exemplos:

(2.50) O grande livro [pertence a ele]. (Heckler & Back, 1988: 156)

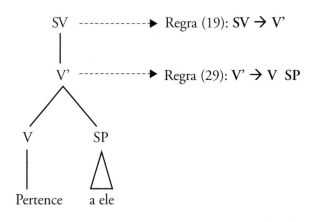

(2.51) Ele [entrou na sala de muletas de muletas]. (Mioto et al., 2004: 115)

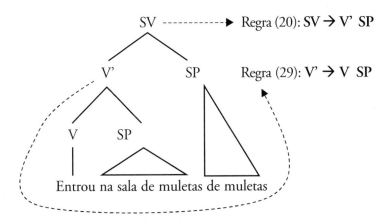

Da mesma forma que a regra (29), a (28) também prevê um complemento verbal. A diferença é que, em (29), o complemento do verbo era um SP (tradicionalmente chamado de **objeto indireto** pela Norma Gramatical Brasileira). Já a regra (28) prevê um SN complemento (que é tradicionalmente chamado de **objeto direto** pela NGB).[12] Vejamos alguns exemplos:

(2.52) O motorista [atropelou o pedestre]. (Mioto et al., 2004: 116)

(2.53) Nenhum aluno [conhece o livro]. (Luft, 1986: 68)

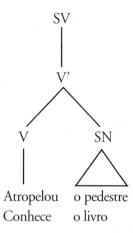

Atropelou o pedestre
Conhece o livro

Estamos vendo que, na descrição do SV, fazemos a distinção entre complementos e adjuntos, que se reflete na disposição dos constituintes na estrutura arbórea da sentença: os complementos do verbo são irmãos do nó terminal V, e os adjuntos são irmãos do nó intermediário V'.

Isso, no entanto, traz-nos um problema: como fazer para lidar com verbos bitransitivos, isto é, verbos que exigem dois complementos?

Quando falamos anteriormente sobre o modelo da teoria X-barra, dissemos que ele previa estruturas arbóreas que se organizavam binariamente. Então, como conciliar esses dois princípios que parecem contraditórios? Em outras palavras, como ter uma estrutura arbórea que deixe o nó terminal V ao lado de seus dois complementos e, ao mesmo tempo, mantenha a estrutura binária de organização?

Em geral, são discutidas na literatura duas opções para solucionar esse dilema: (i) ou sacrificamos a binariedade em prol do princípio que diz que o núcleo deve ficar com seus complementos, ou (ii) mantemos a estrutura binária da sentença, mas deixamos apenas um complemento como irmão do nó terminal V.

Vejamos um exemplo:

(2.54) Ela [ofereceu um almoço aos amigos]. (Azeredo, 2000: 47)

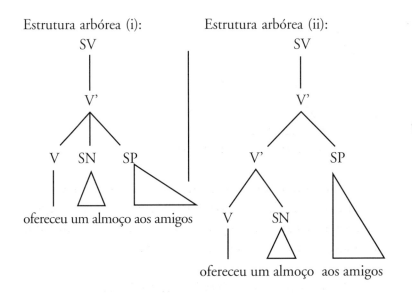

Decidimos adotar a proposta (ii) e manter a estrutura binária da representação arbórea da sentença. Essa solução é, na verdade, a maneira tradicional de se lidar com esse problema e pode ser conferida em Mioto et al. (2004: 80), por exemplo.[13] Isso quer dizer que nosso parser, o Grammar Play, irá atribuir a estrutura arbórea (ii) para a sentença (2.54) que vimos anteriormente.

Normalmente, o verbo bitransitivo é seguido por um SN objeto direto e por um SP objeto indireto, nessa ordem. Contudo, há sentenças em que o SP aparece mais próximo ao verbo do que o SN, como o seguinte exemplo:

(2.55) João [entregou à Maria uma carta de amor].

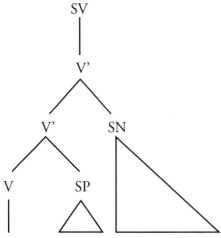

Entregou à Maria uma carta de amor

Um último caso de complemento verbal é o que a NGB classifica como **predicativo do sujeito**. São complementos ligados a um verbo de ligação ou **cópula**, de acordo com a nomenclatura da sintaxe gerativa. Vejamos alguns exemplos:[14]

(2.56) Teus livros [são bons]. (Heckler & Back, 1988: 157)
(2.57) O artista [era famoso]? (Azeredo, 2000: 50)

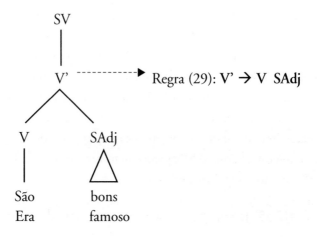

Vejamos as cinco últimas regras que estão faltando: as regras (21), (22), (25), (26) e (31). Elas envolvem o SV que apresenta sintagmas adverbiais como modificadores ou como argumentos do verbo. As duas primeiras regras descrevem SVs que dominam imediatamente modificadores, quer precedam o V', quer o sucedam. Por exemplo:

(2.58) [Aqui há pulgas]. (Lemle, 1984: 171)
(2.59) [Hoje tenho reunião]. (Lemle, 1984: 171)[15]

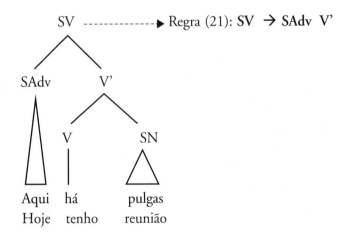

(2.60) [Choveu ontem]. (Lemle, 1984: 171)
(2.61) Meus sobrinhos [fungam continuamente]. (Perini, 1976: 79)

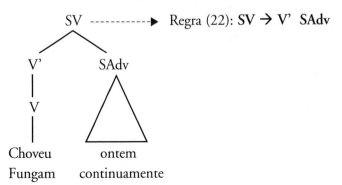

As regras (25) e (26) são bastante similares às duas que acabamos de ver, mas o leitor logo irá notar uma diferença: (25) e (26) descrevem a estrutura interna do V' e não do SV. Em (24) e (25), o V' domina imediatamente um V' e um SAdv adjunto. Vejamos os exemplos:

(2.62) [Atualmente lá já existem] alguns tratores. (Lemle, 1984: 171)

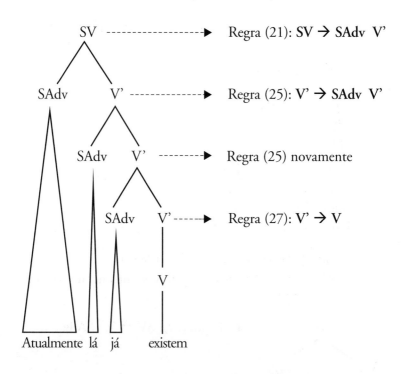

(2.63) [Existem já lá atualmente] alguns tratores. (Lemle, 1984: 171)

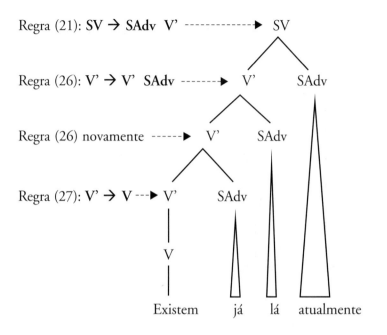

Por fim, a regra (31) descreve SVs formados por verbos de ligação, que apresentam como complemento um SAdv, como nos exemplos a seguir:

(2.64)   A inauguração [foi ontem].
(2.65)   A recepção [será aqui]. (Azeredo, 2000: 72)

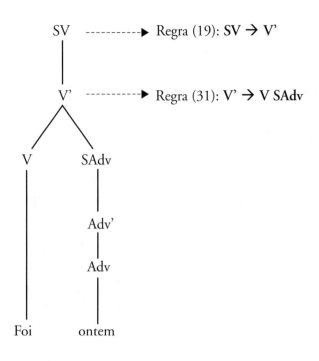

Movimento

As regras que estudamos até aqui parecem dar conta da maioria dos SVs em português. Porém, há ainda um tipo de SV de que devemos tratar antes de continuarmos. Veja as sentenças (2.66), (2.67) e (2.68):

(2.66) A Maria [ama o João].
(2.67) A Maria [ama o João desesperadamente].
(2.68) A Maria [ama desesperadamente o João].

As estruturas dos SVs de (2.66) e (2.67) estão previstas nas regras que elaboramos e não apresentam problemas. Observe a representação da estrutura arbórea dos SVs dessas duas sentenças:

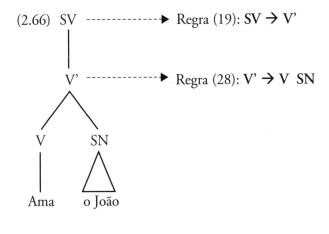

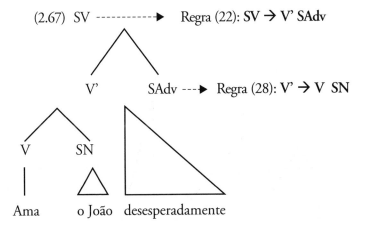

Mas como representar a estrutura de superfície do SV apresentado em (2.68)? Dissemos anteriormente que os núcleos dos verbos aparecem na árvore como seus irmãos, enquanto os modificadores aparecem em uma posição superior na estrutura arbórea, como irmãos do nó intermediário ou da projeção categorial máxima. Isso pode ser visto na representação de (2.63), por exemplo.

Tradicionalmente, a solução encontrada pelo modelo X-barra para lidar com sentenças como (2.68) foi adotar a noção de *movimento*. *Grosso modo*, o movimento dá conta de constituintes que não estão em seu devido lugar na estrutura de superfície. São constituintes que saíram de sua posição inicial na estrutura profunda (*D-structure*) para aparecer em outra posição na estrutura superficial (*S-structure*).

Quando um constituinte é movido, ele deixa um *vestígio* marcando sua posição original. Assim, a estrutura arbórea do SV que vimos em (2.66) deve ser representada da seguinte forma:

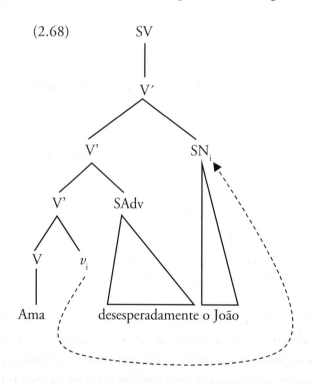

Essa representação deixa clara a posição argumental do SN [o João]. Inicialmente, na estrutura profunda, ele ocupava a posição de irmão do V. Após a sentença passar por uma série de transformações, o SN foi movido para uma posição superior na árvore, deixando, contudo, um vestígio (marcado pelo *v*) em sua posição original.[16]

Em nossa gramática para o Grammar Play, no entanto, não contamos com o recurso de movimento. As regras aplicam-se somente ao que o Grammar Play efetivamente vê na estrutura superficial das sentenças, sem dar conta de sua estrutura profunda.

Portanto, aplicando as regras do SV que elaboramos até agora, a estrutura arbórea que obteríamos do SV em (2.68) seria a seguinte:

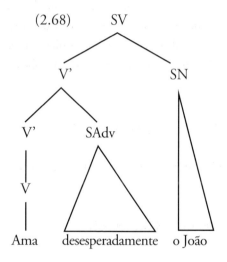

Como não iremos lidar com transformações em nosso parser, teremos de admitir que esta é uma limitação que devemos aceitar por ora, na atual versão da gramática do Grammar Play. Veremos isso mais de perto no próximo capítulo, quando implementarmos todas essas regras de descrição dos sintagmas na linguagem Prolog e desenvolvermos, então, a gramática de nosso parser.

O sintagma adverbial

Para a descrição interna do SAdv, elaboramos as seguintes regras:

(32) SAdv → Adv'
(33) SAdv → SAdv Adv'
(34) SAdv → Adv' SP
(35) Adv' → Adv
(36) Adv' → Adv' SP

Essas cinco regras devem ser suficientes para a gramática de nosso parser, especialmente porque aqui, na descrição do SAdv, também decidimos não fazer a distinção entre complementos e adjuntos. As sentenças (2.69) e (2.70) exemplificam a aplicação das regras (32) e (35):

(2.69) Farei o trabalho [independentemente]. (Lemle, 1984: 169)
(2.70) [Lentamente], a noite descia sobre a terra. (Souza e Silva & Koch, 1993: 19)

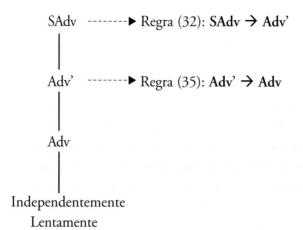

A regra (33) aplica-se à análise de SAdvs como os que podemos ver nos exemplos que seguem:

(2.71) Ele se expressou [muito francamente]. (Perini, 2000: 119)
(2.72) [Bastante devagar]. (Luft, 1986: 138)

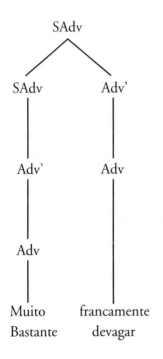

Por fim, temos as regras (34) e (36), que descrevem sintagmas adverbiais modificados por um SP. Como já sabemos, não faremos a distinção entre complemento e adjunto na estrutura interna do SAdv. Essa medida autorizou-nos a deixar o SP modificador na posição de irmão do nó intermediário Adv', ou seja, na posição tradicionalmente destinada ao adjunto.

Adotamos essa regra como forma de simplificar a estrutura interna do SAdv, mas ao mesmo tempo porque acreditamos que poucos advérbios exijam de fato um complemento SP. De acordo com Jackendoff (1977: 78):

> Em sua maioria, advérbios não levam complemento. Não existe **furiosamente com o Bill* relativo à *furioso com o Bill*, por exemplo. Contudo, há alguns poucos SPs que são complementos do advérbio, como por exemplo, *infelizmente para nosso herói*.[17] (grifos do autor)

Então, independentemente de ser considerado complemento ou adjunto, os SPs modificadores do SAdv aparecerão sempre na posição de adjunto, como irmãos do Adv'. Vejamos alguns exemplos:

(2.73) Farei o trabalho [independentemente da sua aprovação]. (Lemle, 1984: 169)

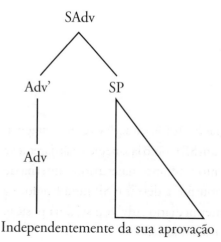

(2.74) [Bem longe da cidade]. (Luft, 1986: 138)

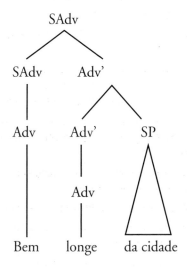

Neste capítulo, vimos algumas regras de descrição da sentença simples do português brasileiro à luz do modelo proposto pela teoria X-barra. Com essas regras em mãos, iremos, no próximo capítulo, começar o desenvolvimento de nossa gramática em Prolog. Esperamos que o leitor ainda tenha fôlego para nos acompanhar, pois a partir de agora, enfrentaremos muitos desafios ao tentarmos aplicar essas regras de descrição sintática da sentença simples em português à linguagem Prolog.

Notas

[1] Sempre que não mostro a fonte de onde o exemplo foi retirado, entenda-se que o exemplo é meu.

[2] Isso na sentença simples. De acordo com Perini (2000: 109), em orações complexas, *todos* pode ainda aparecer após o verbo auxiliar (*Os estudantes estão todos gostando de Sintaxe*) ou após o verbo principal (*Os estudantes estão gostando todos de Sintaxe*).

3 Compare as sentenças: *O suposto culpado foi pego.* / **O culpado suposto foi pego.*
   **A gaúcha comida é ótima.* / *A comida gaúcha é ótima.*
   Este é um lindo dia. / *Este é um dia lindo.*
4 Cf. a esse respeito, Casteleiro (1981), Menuzzi (1992), Perini (2000) e Serra, Callou & Moraes (2003).
5 Para saber mais sobre a diferença entre complementos e adjuntos na teoria X-barra, o leitor pode consultar Mioto et al. (2004: 46-107); para ver uma discussão desta distinção em PB, cf. Perini (2000: 119-20) e Rodrigues (2000).
6 Na verdade, adaptamos a regra de Lemle à nossa nomenclatura e aos nossos objetivos — estudar a sentença simples. A regra original proposta pela autora é a seguinte: **SAdj à (Adv) Adj (Adv) (SPrep)* (S)***.
7 No entanto, quando tratarmos do SV, veremos que a distinção *complemento x adjunto* será implementada na gramática de nosso parser.
8 Cf. Bechara (1982: 156), Luft (1986: 141) e Cegalla (1996: 252), por exemplo.
9 Para mais detalhes sobre esse tipo de construção, convidamos o leitor a consultar Jackendoff (1977: 78-9) e Lemle (1984: 161).
10 Na verdade, já vimos que esse esquema pode se aplicar para a descrição da estrutura sintagmática de todos os constituintes.
11 Sobre a distinção entre complementos e adjuntos dentro do SV, o leitor pode consultar desde alguns estudos gramaticais tradicionais já clássicos, como Bechara (1982) e Luft (1986), até trabalhos de sintaticistas formais pioneiros, como Jackendoff (1977) e Radford (1981), e mais atuais, como Borsley (1999) e Mioto et al. (2004).
12 Há algumas exceções no que diz respeito à classificação proposta pela NGB. Existem alguns SPs que são classificados como **complementos adverbiais** ou **complementos indiretos locativos**, como o SP que vimos na sentença (2.51). Cf. Luft (1986: 42) e Perini (1989: 124). Há também casos em que a tradição gramatical classifica alguns SPs como objeto direto, chamando-os de *objeto direto preposicionado*, como em *Devemos amar [a Deus] sobre todas as coisas* (cf. Bechara, 1982: 208). Por outra parte, há também SNs pronominais classificados como objetos indiretos, como em *João entregou-[lhe] uma carta* (cf. Luft, 1986: 41).
13 Para saber mais sobre esse problema e pensar mais sobre as duas opções, sugerimos a leitura de Kayne (1984) e Larson (1988).
14 Mostraremos somente exemplos em que o predicativo do sujeito é um SAdj. Há casos em que ele pode ser também um SN (*O João é [um bom amigo]*) ou um SP (*O anel é [de ouro]*). Esses casos são cobertos pelas regras (28) e (29), que já estudamos.

[15] Nesses exemplos, também poderíamos interpretar o **SAdv** como modificador de toda a **S** e não somente do **SV**: ₛ[ₛAdv[Aqui]ₛ[há pulgas]] e ₛ[ₛAdv[Hoje] ₛ[tenho reunião]].

[16] Para saber mais sobre movimento na teoria X-barra, cf. Mioto et al. (2004: 249-73) e Radford (1981: 146-206).

[17] Trecho original: "On the whole, adverbs take no complement: there is no *fearfully of Bill* parallel to *fearful of Bill*, for example. However, there are a few PP complements to adverbs, for example *unfortunately for our hero*."

Como implementar as regras em Prolog

Os lingüistas computacionais, me disseram, brincam que, cada vez que eles contrataram um lingüista teórico, seus programas tornaram-se menos eficientes. O problema é que a sintaxe teórica sozinha não tem tanta utilidade para a compreensão da máquina.

Ray Jackendoff

Neste último capítulo, mostraremos alguns obstáculos que podem aparecer – e, no nosso caso, apareceram – durante o processo de desenvolvimento de um parser em Prolog. Além disso, é claro, também mostraremos as estratégias que adotamos para superá-los. Vimos várias regras de descrição dos sintagmas em português e, para finalizar nossas explicações, mostraremos agora como implementamos essas regras na linguagem Prolog, para que o parser que iremos desenvolver aqui possa ser capaz de reconhecer e analisar sentenças simples em português.[1] Desde já, convidamos o leitor a pensar em novas e melhores estratégias de aplicação computacional das regras que apresentamos no capítulo anterior.

Partiremos da análise da gramática proposta em Pagani (2004), que serviu de primeiro modelo para a gramática de nosso parser. Em seguida, passaremos a mostrar o desenvolvimento detalhado de nossa própria gramática.

A gramática de Pagani (2004)

Seguimos de perto a proposta de Pagani (2004) para começar a estruturar nossa própria gramática em Prolog. Nosso primeiro passo foi partir da análise da amostra de gramática que Pagani propõe em seu artigo, e que pode ser vista no quadro 3.1:[2]

Quadro 3.1
Gramática DCG apresentada por Pagani (2004: 25).[3]

	% Inicialização do analisador
	s (S) :- s(EC, S, []),
	    write("Estrutura de constituintes: "),
	    write(EC), nl.
	
	%%%%%%%%%%%%%
	% Regras sintagmáticas %
	%%%%%%%%%%%%%
	
	% sentença

1	s ([SN, SV]) --> sn([_,Num], SN), sv(Num, SV).
	% sintagmas nominais
2	sn(Conc, NBarra) --> n_barra(Conc, NBarra).
3	sn(Conc, [Det, NBarra]) --> det(Conc, Det), n_barra(Conc, NBarra).
4	n_barra(Conc, N) --> n(Conc, N).
	% sintagmas verbais
5	sv(Num, V) --> v(Num, i, V).
6	sv(Num, [V, SN]) --> v(Num, td, V), sn(_, SN).
7	sv(Num, [V, SP]) --> v(Num, ti(P), V), sp(P, SP).
8	sv(Num, [V, SN, SP]) --> v(Num, tdi(P), V), sn(_, SN), sp(P, SP).
	% sintagma preposicionado
9	sp(Lex, [P, SN]) --> p(Lex, inf, P), sn(_, SN).

10 | sp(Lex, [P, NBarra]) --> p(Lex, Conc, P), n_barra(Conc, NBarra).

%%%%%%%%%
% Regras lexicais %
%%%%%%%%%

11 | det(Conc, Det) --> [Det], {det(Conc, Det)}.
12 | n(Conc, N) --> [N], {n(Conc, N)}.
13 | v(Num, Val, V) --> [V], {v(Num, Val, V)}.
14 | p(Lex, Conc, P) --> [P], {p(Lex, Conc, P)}.

%%%%%%
% Léxico %
%%%%%%

% Determinantes
15 | det([masc, sing], o).
16 | det([fem, sing], a).
17 | det([masc, plur], os).
18 | det([fem, plur], as).
19 | det([masc, sing], um).
20 | det([fem, sing], uma).
21 | det([masc, plur], uns).
22 | det([fem, plur], umas).

% Nomes
23 | n([fem, sing], estante).
24 | n([fem, plur], estantes).
25 | n([masc, sing], homem).
26 | n([masc, plur], homens).
27 | n([masc, sing], joão).
28 | n([masc, sing], livro).
29 | n([masc, plur], livros).
30 | n([fem, sing], maria).

31	n([masc, sing], menino).
32	n([fem, sing], menina).
33	n([masc, plur], meninos).
34	n([fem, plur], meninas).
35	n([fem, sing], mulher).
36	n([fem, plur], mulheres).

% Verbos

37	v(sing, i, corre).
38	v(plur, i, correm).
39	v(sing, td, ama).
40	v(plur, td, amam).
41	v(sing, ti(de), gosta).
42	v(plur, ti(de), gostam).
43	v(sing, tdi(em), coloca).
44	v(plur, tdi(em), colocam).

% Preposições

45	p(com, inf, com).
46	p(de, [_,_], de).
47	p(de, [masc,sing], do).
48	p(de, [fem, sing], da).
49	p(de, [masc, plur], dos).
50	p(de, [fem, plur], das).
51	p(em, [_,_], em).
52	p(em, [masc, sing], no).
53	p(em, [fem, sing], na).
54	p(em, [masc, plur], nos).
55	p(em, [fem, plur], nas).
56	p(para, inf, para).
57	p(por, [_,_], por).
58	p(por, [masc,sing], pelo).
59	p(por, [fem, sing], pela).
60	p(por, [masc, plur], pelos).
61	p(por, [fem, plur], pelas).

Vejamos algumas das estratégias utilizadas por Pagani. As primeiras regras de sua gramática são as sintagmáticas, que dizem respeito à boa formação da sentença (regra (1)), dos sintagmas nominais (regras (2), (3) e (4)), dos sintagmas verbais (regras (5) a (8)) e dos sintagmas preposicionais (regras (9) e (10)).

A regra (1) expressa o seguinte:

(1) s([SN, SV]) --> sn([_,Num], SN), sv(Num, SV).
      (a)   (b)   (c)

(a) A **S** é formada por um **SN** e um **SV**

(b) O **SN** apresenta dois valores: um valor qualquer a ser especificado (expresso pelo _) e um valor que diz respeito ao número (representado pela variável **Num**).

(c) O **SV** também apresenta a variável **Num**, que deve unificar seu valor com o valor da variável **Num** do SN. Ou seja, para que a **S** seja gramatical, o **SN** e o **SV** devem concordar em relação a essa variável, isto é, em relação ao número. Essa relação logo ficará mais clara, quando analisarmos o léxico. É lá que os valores **sing** e **plur** estão especificados para cada item lexical.

Vejamos agora o tratamento dado aos sintagmas. As regras (2) e (3) dizem respeito aos sintagmas nominais:

(2) sn(Conc, NBarra) --> n_barra(Conc, NBarra).
        (a)   (b)

(3) sn(Conc, [Det, NBarra]) --> det(Conc, Det), n_barra(Conc, NBarra).

A regra (2) diz que um **SN**

(a) apresenta uma variável **Conc** (que será a variável de número e gênero, como veremos adiante) e é formado por um **N'** (expresso através da variável **NBarra**).

(b) o **N'**, por sua vez, deve apresentar a mesma variável **Conc** (fazendo com que esse valor "percole pelo nó", subindo até o **SN**).

A regra (3) mostra que, além de o SN poder ser formado apenas pelo N', como vimos na regra (2), ele também pode ser formado por um **determinante** e um **N'** (ou seja: **SN → det N'**). Detalhe: o **Det** deve ter o mesmo valor da variável **Conc** do **N'**.

Finalmente, a regra (4) mostra o que é o **N'**:

(4) n_barra(Conc, N) --> n(Conc, N).

O **N'** é um **N** (um substantivo). E, de novo, a variável **Conc** deve ter o mesmo valor tanto para o **N** quanto para o **N'**. Veremos que o valor dessa variável faz parte da informação lexical de cada palavra contida no léxico da gramática. A recorrência da variável nas várias vezes em que é representada faz com que esse valor percole os nós, desde o item lexical até a sua projeção máxima, o sintagma, através de um recurso de unificação de variáveis, aparecendo até na regra mais alta de todas, a da sentença.

Para entendermos melhor esse procedimento, avancemos um pouco mais, antes de passarmos à análise dos sintagmas verbais, e vejamos a regra lexical que trata do **N**, a regra (12):

(12) n(Conc, N) --> [N], {n(Conc, N)}.

Essa regra lexical (assim como as demais regras desse tipo) permite que o programa insira um item lexical do dicionário logo abaixo do nó terminal **N**. Essa inserção deve ser sensível à variável que acompanha cada item lexical. Para ficar mais clara essa relação, vejamos as regras (23), (24), (25) e (26), que fazem parte do dicionário do programa:

(23) n([fem, sing], estante).
(24) n([fem, plur], estantes).
(25) n([masc, sing], homem).
(26) n([masc, plur], homens).

As regras de inserção lexical permitem adicionar um item do conjunto lexical da base de dados do programa abaixo de um nó terminal. Ou seja, um **N** como **estante** irá abaixo de um nó terminal **N**. A variável **Conc** garante que os valores de gênero e número acompanhem o item lexical e forçam a concordância entre determinante e substantivo, por exemplo.

Passemos agora ao tratamento do sintagma verbal. Pagani propôs quatro regras para o SV:

(5) sv(Num, V) --> v(Num, i, V).
(6) sv(Num, [V, SN]) --> v(Num, td, V), sn(_, SN).
(7) sv(Num, [V, SP]) --> v(Num, ti(P), V), sp(P, SP).
(8) sv(Num, [V, SN, SP]) --> v(Num, tdi(P), V), sn(_, SN), sp(P, SP).

Poderíamos traduzir facilmente essas regras para as de reescrita "convencionais", utilizadas por sintaticistas:

(5') SV → V
(6') SV → V SN
(7') SV → V SP
(8') SV → V SN SP

Para lidar com a subcategorização verbal, Pagani introduz o valor **valência** (**Val**) aos verbos, obtendo uma maneira eficiente de tratar o fenômeno. Se analisarmos a regra (13), de inserção lexical dos verbos, poderemos ver que a valência é especificada ali:

(13) v(Num, Val, V) --> [V], {v(Num, Val, V)}.

A variável **Val** dá conta da transitividade verbal. Os verbos podem ser transitivos diretos (vtd), transitivos indiretos (vti), bitransitivos (vtdi) ou intransitivos (vi).[4] Essa informação deve constar na descrição de cada verbo, no dicionário do programa. Na verdade, essa estratégia já havia sido usada de forma bastante similar por Pereira & Shieber (1987: 86), a quem Pagani remete.

De maneira sucinta, podemos dizer que as regras de (5) a (8) sobre os SVs dizem que:

(5) Um SV pode ser formado por um verbo intransitivo.
(6) Um SV pode ser formado por um verbo transitivo seguido por um SN.
(7) Um SV pode ser formado por um verbo transitivo indireto seguido por um SP.
(8) Um SV pode ser formado por um verbo bitransitivo seguido por um SN e por um SP.

Cabe aqui fazermos a ressalva de que a implementação das regras sintagmáticas em Prolog precisa ser mais detalhada do que prevista no modelo da teoria X-barra. A subcategorização dos valores do verbo é expressa em Prolog por meio de regras específicas e da informação lexical. Na teoria "pura" (em oposição à "aplicada") proposta pelo modelo X-barra, encontramos apenas informação lexical em cada item do léxico. A partir dessa informação, a estrutura arbórea organiza-se sem depender de regras definidas para cada tipo específico de subcategorização.[5]

É interessante notarmos que cada verbo transitivo indireto deve ser seguido por um SP com uma preposição específica. Ou seja, olhando as regras (41) a (44), que dizem respeito aos verbos transitivos indiretos, percebemos que eles também trazem consigo na informação lexical exatamente qual a preposição que regem:

(41) v(sing, ti(de), gosta).
(43) v(sing, tdi(em), coloca).

Para entender bem como esse recurso funciona, veja o quadro 3.2:

Quadro 3.2
Regência verbal.

- Regra do SV com verbo transitivo indireto:
  (7) sv(Num, [V, SP]) --> v(Num, ti(P), V), sp(P, SP).

- Informação lexical:

  (41) v(sing, ti(de), gosta).

- O SV da regra (7) está pedindo um verbo (**V**) seguido de um sintagma preposicional (**SP**). Esse verbo deve (i) apresentar um valor para a variável **Num**; (ii) ser do tipo **ti**; (iii) apresentar um item lexical que unifique com a variável **P**; e (iv) apresentar um item lexical que unifique com a variável **V**.
- Lembre-se de que as variáveis são sempre expressas por letras maiúsculas.
- Processo de unificação de variáveis:

  (7) sv(Num, [V, SP]) --> v(**Num, ti(P), V**), sp(P, SP).

  (41) v(**sing, ti(de), gosta**).

- Veja que as informações lexicais contêm a preposição adequada para cada verbo, e a variável **P** na regra do SV irá fazer com que essa preposição seja usada somente junto com seu respectivo verbo.

A regra (41) diz que **gosta** é um verbo no **singular (sing)**, **transitivo indireto (ti)**, que rege um complemento com a preposição **de**.

Dessa forma, a gramática barra sentenças como (3.1) e (3.2), autorizando apenas (3.3) e (3.4):

(3.1) *Os homens gostam em Maria.
(3.2) *As mulheres colocam os livros de estantes.
(3.3) Os homens gostam de Maria.
(3.4) As mulheres colocam os livros em estantes.

Vimos então as estratégias utilizadas para a regência verbal e subcategorização dos verbos. Para a concordância verbal, Pagani utiliza a variável **Num**, que permite que o verbo concorde com o seu sujeito. Essa variável encontra o valor no item lexical (**sing** ou **plur**, cf. as regras (37) a (44) da gramática), e esse valor percola os nós na árvore até chegar à primeira regra que vimos, a da sentença (regra (1)). Lá, ela deve unificar com o valor do item lexical do N (**sing** ou **plur**, cf. as regras (23) a (36)), que também percolou os nós, partindo do item lexical listado no dicionário do programa, indo até a regra de formação da sentença.

Antes de passarmos ao desenvolvimento de nossa gramática, vejamos a interessante proposta de Pagani para o trabalho com os sintagmas preposicionais. Acompanhe as regras (9) e (10):

(9) sp(Lex, [P, SN]) --> p(Lex, inf, P), sn(_, SN).
(10) sp(Lex, [P, NBarra]) --> p(Lex, Conc, P), n_barra(Conc, NBarra).

Note que há aí dois tipos de preposição: a regra (9) diz respeito às preposições chamadas de "inflexionáveis", marcadas pelo valor **inf**; enquanto a regra (10) apresenta uma variável **Conc**, de concordância, em casos de preposições que sofrem aglutinação com o determinante.

Veja as regras de preposições (45) a (50):

(45) p(com, inf, com).
(46) p(de, [_,_], de).
(47) p(de, [masc,sing], do).
(48) p(de, [fem, sing], da).
(49) p(de, [masc, plur], dos).
(50) p(de, [fem, plur], das).

Há cinco regras diferentes para duas preposições: a regra (45) trata de uma preposição "inflexionável". Esse tipo de preposição não sofre qualquer "flexão" e pode acompanhar tanto SNs com determinantes como sem eles:

(3.5) O João estuda [com amigos].
(3.6) O João estuda [com os amigos de Maria].
(3.7) O João estuda [com as amigas de Maria].

As regras seguintes – (46) a (50) – lidam com uma preposição "flexionável". A (46) garante a preposição "de" sem flexão alguma, já que apresenta a seguinte subcategorização [_,_]. Devemos ler essa informação como "há dois valores quaisquer aqui que simplesmente não importam!". Por isso, essa estratégia garante a gramaticalidade da frase (3.8), mas não a de (3.9) e (3.10):

(3.8) [Os amigos de João] estudam com a Maria.
(3.9) *[Os amigos de o João] estudam com a Maria.
(3.10) *[Os amigos de as amigas de o João] estudam com a Maria.

Já as regras (47), (48), (49) e (50) são bastante específicas para cada preposição. Cada uma dessas preposições poderá aparecer somente no contexto especificado pelas variáveis, que devem fazer a concordância com o substantivo com o qual concordam:

- do = masculino, singular (*amigas do João* / **amigas do Maria*)
- da = feminino, singular (*amigas da Maria* / **amigas da João*)
- dos = masculino, plural (*amigas dos meninos* / **amigas dos João*)
- das = feminino, plural (*amigas das meninas* / **amigas das Maria*)

De acordo com Pagani (2004: 20), essa estratégia de classificação das preposições representa o fato de que elas podem dividir-se em inflexionáveis e flexionáveis:

> Esse tipo de solução para a distribuição das preposições sugere que existem dois grandes subconjuntos de preposições: as que são completamente inflexionáveis e as que aceitam flexão. Esse segundo subconjunto, por sua vez, se subdivide em outros dois subconjuntos: aquelas marcadas explicitamente com a flexão nominal e aquelas que não são marcadas, mas que, por isso mesmo, são compatíveis com qualquer concordância.

Muitas dessas estratégias servirão como ponto de partida para o desenvolvimento de nossa gramática, que pretende ser bastante abrangente e dar conta de vários outros fenômenos da sintaxe da frase simples do português. A partir de agora, desenvolveremos a gramática de nosso parser, implementando as regras para a descrição do SN, do SV, do SAdj, do SAdv e do SP que já estudamos no capítulo "Descrição sintática dos sintagmas em português brasileiro...". Comecemos, no entanto, pela sentença (S).

A sentença

Lembre-se de que neste trabalho propusemo-nos a lidar unicamente com a sentença simples do português, isto é, com a sentença que contém apenas um verbo. Baseando-nos na teoria X-barra e em estudos voltados à descrição sintática do português, elaboramos, em princípio, duas regras para a formação de sentenças do português:

(1) S → SN SV
(2) S → SV SN

A primeira forma é tradicionalmente conhecida como a forma canônica da sentença em português brasileiro. Ela também pode ser chamada de **frase na ordem direta**.[6] A regra (1) permite-nos formar sentenças como (3.11), (3.12) e (3.13):

(3.11) Ela ama o João.
(3.12) A Maria ama o João.
(3.13) Todas as lindas vizinhas ruivas da amiga da prima da Maria amam o João.

Em Prolog, implementamos a regra (1) da seguinte maneira:[7]

(a) s([sn, SN, sv, SV]) --> sn([_,Num], SN), sv(Num, SV).

A regra (a) é a regra (1) implementada por nós em Prolog para a gramática do Grammar Play. Veja o quadro 3.3 para melhor entender cada parte da implementação dessa regra:

Quadro 3.3
Entendendo o Grammar Play, regra (a)

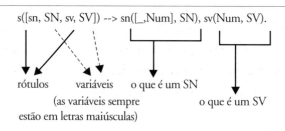

Rótulos: são os nomes das categorias (**sn** e **sv**). Devem sempre ser escritos em letras minúsculas e estarão sempre separados por uma vírgula da variável a que servirão de rótulo. Foram colocados apenas para tornar mais rica e ilustrativa a visualização da estrutura de constituintes. Eles garantem que o Grammar Play analise as sentenças utilizando colchetes rotulados (ao invés de colchetes sem rótulos), além de permitir a visualização de nós rotulados na estrutura arbórea da sentença.

Variáveis: elas dizem que a sentença (S) é formada por um elemento do tipo SN e outro do tipo SV. Após a seta (-->) deve estar a resposta: a variável SN **unifica** seus valores com a primeira informação após a seta (ou seja, unificamos a variável "SN" com "sn" e sua respectiva descrição, que vem dentro dos parênteses). A segunda variável (SV) unifica com o valor de "sv" e a sua respectiva descrição.

O que é um SN: descrição do SN, que veremos na próxima subseção("Resumo das regras de sentença").

O que é um SV: descrição do SV, que veremos na subseção "Implementação do SV".

A regra (2) de formação de sentenças foi implementada exatamente como a regra (a), porém com a ordem dos constituintes invertida, o que resultou na regra (b), em Prolog:

(b) s([sv, SV, sn, SN]) --> sv(Num, SV), sn([_,Num], SN).

Essa regra dá conta de sentenças que não estão na ordem direta do português, ou melhor, que estão com a ordem **VS** – verbo, sujeito.

Esse segundo tipo de sentença apresenta primeiro o SV e depois um SN sujeito, e uma sentença com essa estrutura pode ser chamada de **sentença marcada**.[8] Mesmo que essa regra de inversão do sujeito seja bastante restrita em PB, decidimos adotá-la em nossa gramática.

Sabemos que esse tipo de construção não é muito comum em PB e que normalmente ele costuma ocorrer apenas com verbos intransitivos. Porém, resolvemos deixar em nossa gramática uma regra geral **S → SV SN**, pois acreditamos que a inversão sujeito-verbo possa ocorrer também com verbos transitivos e de ligação, ainda que com menos freqüência.[9] Vejamos alguns exemplos:

(3.14) $_{SV}$[Corre muito] $_{SN}$[a Maria].
(3.15) $_{SV}$[São muito boas] $_{SN}$[as aulas de Sintaxe]!
(3.16) ? $_{SV}$[Precisam de ajuda] $_{SN}$[aqueles meninos].
(3.17) ? $_{SV}$[Já escreveu cinco livros] $_{SN}$[o João].

A variável **Num** que encontramos nas informações do SV e do SN diz respeito à flexão de **número** e é responsável tanto pela concordância verbal nas regras de formação de sentença, quanto pela concordância nominal nas regras do SN. Essa variável pode apresentar os valores **sing** e **plur** (singular e plural).

Para que a sentença seja bem formada em português, é necessário que o SN sujeito concorde em número com o núcleo do SV, não importando se o sujeito esteja anteposto ou posposto ao verbo (claramente, estamos deixando de lado a **concordância pessoal**. Quer dizer, para uma sentença ser gramatical em português, o verbo deve concordar em **número** e **pessoa** com seu sujeito. Contudo, como já vimos, nosso parser irá apenas reconhecer a flexão verbal na terceira pessoa do singular e do plural).

Essa estratégia de concordância, como vimos, foi apresentada por Pagani (2004) e decidimos mantê-la no desenvolvimento de nossa gramática. O interessante a notar aqui é que essas regras não dão conta das orações sem sujeito em português. As regras (a) e (b) dizem que uma sentença é uma seqüência SN e SV (ou SV e SN) em que um termo concorda com o outro em relação ao número. Mas o que dizer das sentenças (3.18) e (3.19)?

>(3.18) Chove. (Souza e Silva & Koch, 1993: 15)
>(3.19) Havia muitas pessoas na festa ontem.

Na frase (3.18), não há nenhum SN expresso; em (3.19) há a ordem SV SN, mas eles não concordam em número: o SN de (3.19) não é o sujeito da sentença, mas o argumento interno do verbo, ou seja, seu **objeto direto**, tanto que o SN está no plural e o verbo do SV está no singular.

Por causa desse tipo de sentença, criamos a regra (c), que dá conta, então, das frases compostas por uma oração sem sujeito:

>(c) s([sv, SVimp]) --> svimp(_, SVimp).

Essa regra consegue analisar sentenças como (3.18) e (3.19) e barrar sentenças como (3.18') e o par (3.19') e (3.19"):

>(3.18) Chove.
>(3.18') *João chove.
>(3.19) Havia muitas pessoas na festa ontem.
>(3.19') *O João havia muitas pessoas na festa ontem.
>(3.19") *Haviam muitas pessoas na festa ontem.

Note, porém, que a regra (c) não diz respeito a um tipo qualquer SV. A única maneira de encontrarmos uma oração sem sujeito será se o SV for do tipo **SVimp**, ou seja, um SV com um **verbo impessoal**. Decidimos utilizar essa alternativa um tanto incomum para expressar esse fenômeno (criando, assim, um segundo tipo de SV), porque poucos são os verbos impessoais em português, únicos que podem figurar em orações sem sujeito. De acordo com a tradição gramatical, apenas os verbos ditos "metereológicos" (como *chover, nevar, relampejar*)[10] e ainda os verbos *ser, estar, passar, fazer* e *haver*, em determinados contextos e significados, são considerados verbos impessoais.

Criar uma nova classe de verbos também nos permitiu não sobrecarregar o conjunto de informações lexicais que devem aparecer em cada entrada lexical dos verbos no dicionário de nossa gramática. Veremos mais adiante como caracterizamos cada verbo, quais variáveis utilizamos e que informação cada item lexical carrega.

Algo, no entanto, deve ser dito *contra* essa solução: criar novas categorias não segue o espírito da teoria X-barra, que resolvemos adotar para a construção da gramática do parser Grammar Play (infelizmente, por ora, teremos de adotar essa e outras estratégias que veremos adiante, que não respeitam integralmente alguns princípios da teoria), seja por causa de limitações do Prolog com as quais ainda não sabemos lidar adequadamente, seja por detalhes de implementação computacional que a teoria X-barra não prevê – e nem deveria, pois seu objetivo principal nunca foi a aplicação computacional.

Elaboramos também uma outra regra da sentença, a regra recursiva (d):

(d) s([sadv, SAdv, s, S]) --> sadv(SAdv), s(S).

Essa regra dá conta de sentenças que são modificadas por um SAdv, como (3.20) e (3.21):

(3.20) Felizmente, não houve vítimas no desastre. (Souza e Silva & Koch, 1993: 20)
(3.21) Lentamente, a noite descia sobre a terra. (Souza e Silva & Koch, 1993: 19)

Baseando-se na regra (d), a estrutura arbórea das sentenças (3.20) e (3.21) é a seguinte:

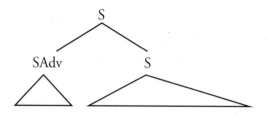

Felizmente não houve vítimas no desastre
Lentamente a noite descia sobre a terra

Para finalizar, criamos duas últimas regras pensando em sentenças naturais que podemos encontrar em textos em PB contemporâneo. A primeira regra diz respeito às *frases de situação*, que são formadas por apenas uma palavra, como *Fogo! Socorro! Saúde!* etc.

Para dar conta desse tipo de sentença, desenvolvemos a regra (e):

(e) s([sn, SN]) --> sn([_,Num], SN).

O segundo tipo de frase é o que pode começar com uma conjunção coordenativa, como *Por isso, a Maria ama o João*; *Então, a Maria ama o João*; *Contudo, a Maria ama o João* etc:

(f) s([conj, [CONJ], s, S]) --> conj(CONJ), s(S).

Resumo das regras da sentença

A gramática do Grammar Play conta com as seis regras relativas à boa formação da sentença em português, que estudamos neste capítulo. Veja no quadro 3.4 um resumo das regras que implementamos até aqui:

Quadro 3.4
Regras da sentença.

% Sentença (S)
s([sn, SN, sv, SV]) --> sn([_,Num], SN), sv(Num, SV).
s([sv, SV, sn, SN]) --> sv(Num, SV), sn([_,Num], SN).
s([sv, SVimp]) --> svimp(_, SVimp).
s([sadv, SAdv, s, S]) --> sadv(SAdv), s(S).
s([sn, SN]) --> sn([_,Num], SN).
s([conj, [CONJ], s, S]) --> conj(CONJ), s(S).

Implementação do SN

Com base nas regras (1) a (8), que estudamos no capítulo anterior e que elaboramos para descrever o SN em português, implementamos na gramática de nosso parser as seguintes regras:

Quadro 3.5
Regras do SN.

	% Sintagmas Nominais (SN)
(A)	sn(Conc, [det, [Det], n_bar, N_Barra]) --> det(Conc, Det), n_barra(Conc, N_Barra).
(B)	sn(Conc, [n_bar, N_Barra]) --> n_barra(Conc, N_Barra).
(C)	sn(Conc, [pre_det, [Pre_Det], sn, SN]) --> pre_det(Conc, Pre_Det), sn(Conc, SN).
(D)	n_barra(Conc, [pro, [Pro]]) --> pro(Conc, Pro).
(E)	n_barra(Conc, [n, [N]]) --> n(Conc, N).
(F)	n_barra(Conc, [sadj, SAdj, n_bar, N_Barra]) --> sadj(Conc, SAdj), n_barra(Conc, N_Barra).
(G)	n_barra(Conc, [n_bar, X, sadj, SAdj]) --> x(Conc, X), sadj(Conc, SAdj).
(H)	x(Conc, [n, [N]]) --> n(Conc, N).
(I)	x(Conc, [n_bar, Y, sadj, SAdj]) --> y(Conc, Y), sadj(Conc, SAdj).
(J)	y(Conc, [n, [N]]) --> n(Conc, N).
(K)	y(Conc, [n_bar, Z, sadj, SAdj]) --> z(Conc, Z), sadj(Conc, SAdj).
(L)	z(Conc, [n, [N]]) --> n(Conc, N).
(M)	n_barra(Conc, [nbar, X, sp, SP]) --> x(Conc, X), sp(P, SP).

Vejamos agora por que implementamos as regras dessa maneira. Para começar, vamos analisar a variável **Conc**, que adotamos baseando-nos na proposta de Pagani (2004). Graças a ela, conseguimos dar conta da concordância nominal dentro do SN. Dessa forma, o Grammar Play efetua o *parsing* de (3.22), mas não de (3.23), (3.24) e (3.25), reconhecendo as frases como sentenças agramaticais da língua:

(3.22) As duas primeiras máquinas descobertas. (Luft, 1986: 21)
(3.23) *Os dois primeiros máquinas descobertas.
(3.24) *As duas primeiras máquinas descobertos.
(3.25) *Os duas primeiros máquinas descobertas.

Vejamos isso mais de perto.

Concordância nominal dentro do SN

Em português, a concordância nominal é relativamente complexa. Isso porque simplesmente *todos* os elementos dentro do SN podem, em geral, sofrer flexão de número (singular ou plural) e gênero (masculino ou feminino). O mesmo não acontece com o inglês, por exemplo, que não realiza a concordância do determinante nem do adjetivo. Veja os SNs a seguir:

(3.26) [Tod*as* *as* **meninas** espert*as*] (Feminino plural)
(3.27) [All the smart **girls**] (Feminino plural)
(3.28) [Tod*os* *os* **meninos** espert*os*] (Masculino plural)
(3.29) [All the smart **boys**] (Masculino plural)

Para dar conta da concordância nominal, seguimos a mesma estratégia apresentada por Pagani (2004), que foi discutida na primeira seção deste capítulo.

Já vimos, no quadro 3.6, as regras que implementamos para o SN. Vejamos agora as regras de inserção lexical e alguns exemplos de itens lexicais (determinantes, substantivos e adjetivos), como estão na gramática do Grammar Play.

Quadro 3.6
Regras de inserção lexical que dizem respeito ao SN.

% Algumas regras de inserção lexical
pre_det(Conc, Pre_Det) --> [Pre_Det], {pre_det(Conc, Pre_Det)}.
det(Conc, Det) --> [Det], {det(Conc, Det)}.
n(Conc, N) --> [N], {n(Conc, N)}.
pro(Conc,Pro) --> [Pro], {pro(Conc, Pro)}.

Quadro 3.7
Itens lexicais (determinantes, substantivos e adjetivos) do léxico do Grammar Play.

% Determinantes
% Pré-determinantes (pre_det)
pre_det([masc,plur], todos).
pre_det([fem,plur], todas).

% Determinantes-base (det)
det([masc,sing], o).
det([fem,sing], a).
det([masc,plur], os).
det([fem,plur], as).

% Nomes (n)
% Nomes - Feminino singular
n([fem,sing], amiga).
n([fem,sing], árvore).

% Nomes - Feminino plural
n([fem,plur], amigas).
n([fem,plur], árvores).

```
% Nomes - Maculino Singular
n([masc,sing], abacate).
n([masc,sing], amigo).

% Nomes - Maculino Plural
n([masc,plur], abacates).
n([masc,plur], amigos).

% Adjetivos
% Adjetivos - Feminino singular
adj([fem,sing], alta).
adj([fem,sing], amarga).

% Adjetivos - Feminino plural
adj([fem,plur], altas).
adj([fem,plur], amargas).

% Adjetivos - Masculino singular
adj([masc,sing], alto).
adj([masc,sing], amargo).

% Adjetivos - Masculino plural
adj([masc,plur], altos).
adj([masc,plur], amargos).
```

Cada item lexical no dicionário de nossa gramática apresenta um valor de gênero e número ([**fem,sing**], [**fem,plur**], [**masc,sing**] ou [**masc,plur**]). Esse valor, como já vimos, *unifica* com a variável **Conc** que apresentamos nas regras do SN e pode ser visto no quadro 3.6. Para que a sentença seja gramatical em português, um dos requisitos é que o SN apresente corretamente os valores de número e gênero, tanto para os nomes (que são os núcleos do SN), como para os determinantes e adjetivos que o modificam.

Vejamos a análise de duas sentenças, uma gramatical e outra agramatical, no Grammar Play:[11]

Figura 3.1
Todas as lindas amigas ruivas da Maria gostam do João

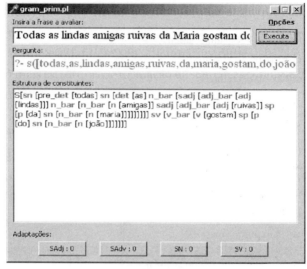

Figura 3.2
*Todos os lindos amigas ruivos da Maria gostam do João

Alguns problemas na implementação das regras do SN

Uma propriedade fundamental e poderosa nas regras sintagmáticas propostas pela teoria X-barra é a recursividade. Já vimos anteriormente como funciona a recursividade, ao elaborarmos algumas regras para a descrição dos sintagmas. Mas agora, para implementarmos as regras que propusemos no capítulo anterior, deveremos saber responder à pergunta: "Como funciona a recursão em Prolog?"

Ela funciona mais ou menos da seguinte maneira (considere as regras a seguir):

(linha 1) A → B C.   % Isso é uma regra
(linha 2) B → C.   % Isso é uma regra
(linha 3) C.   % Isso é um fato

Se perguntarmos ao programa se A é verdadeiro, o Prolog irá analisar seus dados de cima para baixo e da esquerda para a direita (procedimento chamado de *top-down, left-to-right*).

Esse será seu procedimento de consulta: o programa lê A, na primeira linha, e entende, "para solucionar A, preciso de B e de C". Descendo para a linha 2, o programa encontra B e entende, "para solucionar B, preciso de C". Mais uma vez, nosso programa desce outra linha e encontra C, na terceira linha.

Por um recurso chamado de *backtracking*, o programa sobe uma linha e resolve B ("B é formado por C, e eu já tenho o C; logo, consigo formar B!"). Então, sobe para a primeira linha e resolve parcialmente A ("A é formado por B e C. Hmmm, eu já tenho B, agora vou atrás do C"). Veja que o programa sofre de uma leve amnésia: como sua primeira busca foi B, ele é capaz de encontrar apenas B, esquecendo-se de outros elementos com que tenha se deparado no caminho.

Finalmente, após ir até a linha 3 em busca de C e encontrá-lo novamente, o programa volta para a linha 1 e consegue provar A.

O problema é quando temos alguns tipos de regras recursivas que fazem com que o programa entre em *looping*. Veja as seguintes regras:

(linha 1) A → A C.   % Isso é uma regra
(linha 2) A → C.   % Isso é uma regra
(linha 3) C.   % Isso é um fato

O Prolog entende a linha 1 da seguinte maneira: "para provar A, tenho de encontrar A e depois C. Primeira tarefa: encontrar A". Ao invés de procurá-lo na linha 2, o programa começa sua procura a partir do topo (*top-down*), e encontra A: "A é A seguido de C. Primeira tarefa: encontrar A". Para saber o que é o A, ele volta para o topo e mais uma vez descobre que "A é A seguido de C" e assim indefinidamente. Por isso, sempre que o programa encontrar uma regra como essa, ele entra em um *looping* infinito.

O problema já é bem conhecido e acontece principalmente com as chamadas *regras com recursão à esquerda*. Pereira & Shieber (1987: 152) alertam que "[...] algoritmos de *parsing* no estilo *top-down* irão entrar em *looping* com regras de recursão à esquerda".[12] De acordo com Beardon, Lumsden & Holmes (1991: 87),

> [...] as regras gramaticais do Prolog não conseguem lidar com a recursão à esquerda. Não é nada que vá causar um erro sintático, mas se o sistema encontra uma recursão à esquerda, então um *looping* sem fim irá começar. Depende, portanto, do programador evitar recursão à esquerda em seus programas.[13]

Como fazer, então, para que o Prolog não estranhe a regra (7) de descrição do SN, que traz recursão à esquerda (**N'** → **N' SAdj**), em um parser que utiliza um procedimento *top-down* como o Grammar Play? Foi aqui que tomamos uma medida não muito convencional, fora do espírito da teoria X-barra.

Para "enganar" o Prolog, inventamos uma categoria intermediária totalmente arbitrária, apenas para evitarmos a recursão à esquerda, que, como vimos, leva o programa a um *looping* infinito, mas que, ao mesmo tempo, é crucial na descrição sintática de qualquer língua. Repare nas regras (g) e (h), implementadas em nossa gramática:

(g) n_barra(Conc, [n_bar, X, sadj, SAdj]) --> x(Conc, X), sadj(Conc, SAdj).
(h) x(Conc, [n, [N]]) --> n(Conc, N).

Com essas duas regras, em vez de dizermos **N'** → **N' SAdj**, dissemos **N'** → **X SAdj** e depois **X** → **N**. Veja a representação arbórea, que certamente é mais clara:

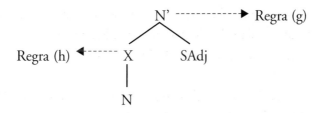

Sabemos que a formulação dessas regras não é o ideal, pois contradiz não somente princípios da teoria X-barra, modelo lingüístico que resolvemos adotar para a descrição sintática do português, mas também qualquer outro modelo gramatical conhecido. É uma solução *ad hoc*, reconhecemos. No entanto, esse recurso permite ao Grammar Play analisar os SNs em (3.30) e (3.31)

(3.30) [A criancinha doente] adormeceu. (Souza e Silva & Koch, 1993: 13)

(3.31) [O ataque japonês] se deu de madrugada. (Perini, 2000: 104)

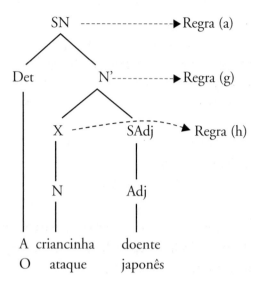

Essas regras solucionaram o problema de um SN com um modificador adjetival à direita do nome. Porém, como fazer para analisarmos sentenças como (3.32) e (3.33)?

(3.32) [Um vinho chileno gostosíssimo]. (Lemle, 1984: 151)
(3.33) [Um filme policial francês famoso]. (Lemle, 1984: 151)

Nossa estratégia pode ter dado conta de SNs como os apresentados em (3.30) e (3.31), simulando a recursividade à esquerda. No entanto, ela não propõe uma regra recursiva: ela simplesmente *simula a recursão à esquerda em um nível*, a saber, um N' formado por um N' sucedido na árvore por um SAdj. No entanto, o que vemos nas frases (3.32) e (3.33) são dois SAdjs que sucedem o N', um em cada nível da estrutura arbórea. Para contornar essa deficiência de nosso parser *top-down* e manter o mesmo espírito de fugir ao espírito da teoria X-barra, elaboramos as regras (i) e (j):

(i) x(Conc, [n_bar, Y, sadj, SAdj]) --> y(Conc, Y), sadj(Conc, SAdj).
(j) y(Conc, [n, [N]]) --> n(Conc, N).

Vejamos como efetuar o *parsing* de (3.32) e (3.33) adotando essa estratégia nada convencional:

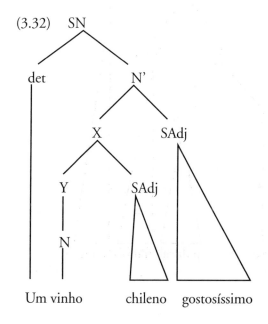

Esperamos não ter causado arrepios em nenhum sintaticista! Para representar (3.33), tivemos de elaborar ainda outras duas regras, (k) e (l):

(k) y(Conc, [n_bar, Z, sadj, SAdj]) --> z(Conc, Z), sadj(Conc, SAdj).
(l) z(Conc, [n, [N]]) --> n(Conc, N).

Essas regras dão conta de SNs com três adjetivos odificadores à esquerda, como (3.33):

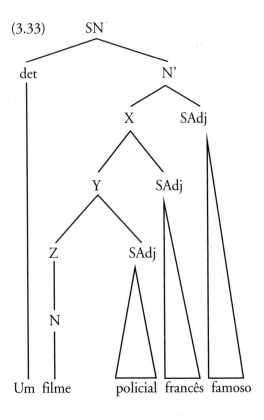

Note, porém, que os rótulos dessas categorias intermediárias não aparecem para o usuário final do Grammar Play. Elas podem ser vistas apenas por quem for programar a gramática do parser (ou estiver lendo este livro). Isso porque dissemos ao programa para rotular as categorias X, Y e Z como **N'**. Veja como o usuário final do Grammar Play visualiza a sentença *O João gosta de um filme policial francês famoso*, nas figuras 3.3 (colchetes rotulados) e 3.4 (estrutura arbórea).

Figura 3.3
O João gosta de um filme policial francês famoso (1)

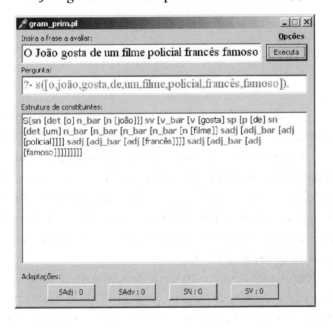

Figura 3.4
O João gosta de um filme policial francês famoso (2)

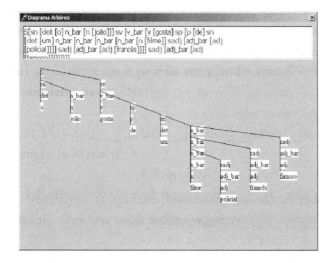

Como fizemos com que as categorias intermediárias arbitrárias X, Y e Z recebessem o rótulo de **N'** na interface gráfica do Grammar Play, esse parece ser o crime perfeito (porém, sabemos que essa estratégia não deve passar de uma medida provisória, sobre a qual teremos de repensar em trabalhos futuros. Ela pode enganar o Prolog – e pode até mesmo enganar alguns usuários finais do Grammar Play –, mas com certeza não engana nenhum lingüista).

Na verdade, essa estratégia para "enganar" o Prolog foi elaborada a partir de sugestões de Beardon, Lumsden & Holmes (1991) e Covington (1994), que sugerem maneiras similares para evitar o problema de *looping* causado pela recursão à esquerda.[14]

Nosso leitor atento deve ter notado, porém, um detalhe: como fazer em casos em que o SN apresenta *mais* de três SAdjs modificadores que sucedem o N? Infelizmente, essa é outra limitação que teremos de aceitar no Grammar Play, por ora. Essas regras que implementamos para enganar o Prolog, como dissemos, não são recursivas. Por isso, o Grammar Play não irá reconhecer um SN que tenha quatro ou mais adjetivos à direita do N, a menos que criemos ainda mais regras, utilizando a mesma estratégia (o que não seria nada agradável, pois fugiria cada vez mais do modelo de descrição lingüística proposto pela teoria X-barra).

Como já dissemos antes, acreditamos que um SN com mais de três adjetivos modificadores do N seja muito incomum na língua, mas, ainda assim, ele pode acontecer. De qualquer modo, é evidente que é preciso, de alguma forma, recuperar a recursão à esquerda na estrutura sintagmática. Por ora, devemos aceitar essa limitação como um desafio para futuros trabalhos e encorajar nosso leitor para que também reflita sobre o problema e, quem sabe, proponha um outro tipo de solução.[15]

Implementação do SAdj

Estudamos anteriormente as regras para a descrição dos sintagmas adjetivais em PB, que estão aqui repetidas:

(9) SAdj → Adj' SAdv
(10) SAdj → Adj' SP
(11) SAdj → SAdv Adj'
(12) SAdj → Adj'
(13) Adj' → Adj
(14) Adj' → SAdv Adj'
(15) Adj' → Adj' SAdv
(16) Adj' → Adj' SP

Em Prolog, implementamos essas regras da seguinte maneira:

Quadro 3.8
Regras do SAdj

(a)	sadj(Conc, [adj_bar, Adj_Barra, sadv, SAdv]) --> adj_barra(Conc, Adj_Barra), sadv(SAdv).
(b)	sadj(Conc, [adj_bar, Adj_Barra, sp, SP]) --> adj_barra(Conc, Adj_Barra), sp(P, SP).
(c)	sadj(Conc, [sadv, SAdv, adj_bar, Adj_Barra]) --> sadv(SAdv), adj_barra(Conc, Adj_Barra).
(d)	sadj(Conc, [adj_bar, Adj_Barra]) --> adj_barra(Conc, Adj_Barra).
(e)	adj_barra(Conc, [adj, [Adj]]) --> adj(Conc, Adj).
(f)	adj_barra(Conc, [sadv, SAdv, adj_bar, Adj_Barra]) --> sadv(SAdv), adj_barra(Conc, Adj_Barra).
(g)	adj_barra(Conc, [adj_bar, A, sadv, SAdv]) --> a(Conc, A), sadv(SAdv).
(h)	adj_barra(Conc, [adj_bar, A, sp, SP]) --> a(Conc, A), sp(P, SP).
(i)	A(Conc, [adj, [Adj]]) —> adj(Conc, Adj).

Note que, como nas regras do SN, aqui também utilizamos a variável **Conc**, responsável pela concordância nominal entre modificadores adjetivais e substantivos. Veja, no quadro 3.9, como aparecem os itens lexicais adjetivais no dicionário inscrito na gramática do Grammar Play.[16]

Quadro 3.9
Adjetivos no dicionário do Grammar Play

% Adjetivos (adj)

% Adjetivos uniformes
adj([_,_], reles).
adj([_,_], simples).

% Adjetivos uniformes no singular
adj([_,sing], abominável).
adj([_,sing], abrangente).

% Adjetivos uniformes no plural
adj([_,plur], abomináveis).
adj([_,plur], abrangentes).

% Adjetivos regulares
% Adjetivos - Feminino singular
adj([fem,sing], alta).
adj([fem,sing], amarga).

% Adjetivos - Feminino plural
adj([fem,plur], altas).
adj([fem,plur], amargas).

% Adjetivos - Masculino singular
adj([masc,sing], alto).
adj([masc,sing], amargo).

% Adjetivos - Masculino plural
adj([masc,plur], altos).
adj([masc,plur], amargos).

Já sabemos que, por não contarmos com um componente morfológico, devemos implementar no dicionário do parser quatro entradas para a maioria dos adjetivos (por isso, temos as formas *alta, altas, alto* e *altos*). Uma novidade que não havíamos discutido até aqui diz respeito à classificação dos adjetivos em dois diferentes tipos: os *adjetivos uniformes* e os *adjetivos regulares*.

Os primeiros são adjetivos que não apresentam flexão de gênero, podendo modificar tanto nomes masculinos como femininos, sem qualquer alteração formal (como, por exemplo, *A abominável prova de sintaxe* x *O abominável teste de sintaxe*). Um outro tipo de adjetivo uniforme menos comum em português é aquele do tipo de *simples*, que não apresenta nem flexão de gênero, nem de número (veja estes exemplos: *A simples prova* x *As simples provas* x *O simples teste* x *Os simples testes*). Por fim, temos os adjetivos regulares, que são a maioria em português e, como já sabemos, apresentam flexão de gênero e número conforme o substantivo que modificam (*Menina alta* x *Meninas altas* x *Menino alto* x *Meninos altos*).

A variável **Conc** unifica seu valor com o valor especificado no item lexical (que pode ser *masc* ou *fem*, *plur* ou *sing*). Quando um item não apresenta algum desses valores (ou nenhum deles, como os adjetivos *simples* e *reles*), colocamos um traço de *underline*, ou seja, "_". Já falamos sobre esse recurso anteriormente.

Note também que as regras (15) e (16) da descrição do SAdj trazem o problema da recursão à esquerda:

(15) Adj' → Adj' SAdv
(16) Adj' → Adj' SP

Mantendo a mesma estratégia que havíamos estudado para a implementação do SN, escrevemos as regras (15) e (16) em Prolog como (g) e (h), respectivamente:

(g) adj_barra(Conc, [adj_bar, A, sadv, SAdv]) --> a(Conc, A), sadv(SAdv).
(h) adj_barra(Conc, [adj_bar, A, sp, SP]) --> a(Conc, A), sp(P, SP).

Além do mais, tivemos de implementar a regra (i) para fazer com que a estratégia desse certo:

(i) a(Conc, [adj, [Adj]]) --> adj(Conc, Adj).

Vejamos a representação dessas regras em uma estrutura arbórea:

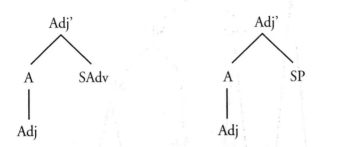

Essas regras descrevem estruturas como as seguintes (lembre-se de que o usuário do Grammar Play lê o rótulo **A** como **Adj'**, sem perceber essa estratégia):

(3.34) [Magro demais para um boxeador]. (Lemle, 1984: 153)

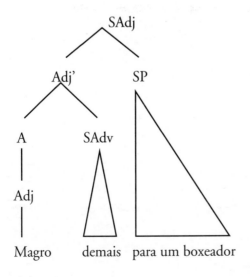

(3.35) Maria está [sempre muito bonita para o João].

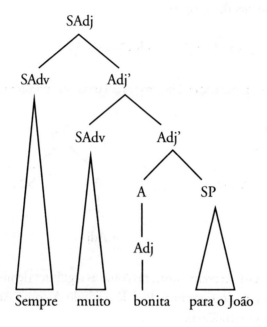

Veja as mesmas árvores feitas pelo Grammar Play:

Figura 3.5
O João é magro demais para um boxeador

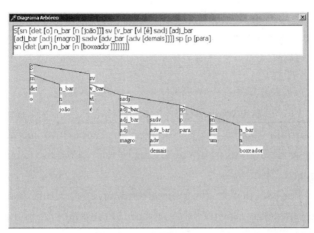

Figura 3.6
Maria está sempre muito bonita para o João

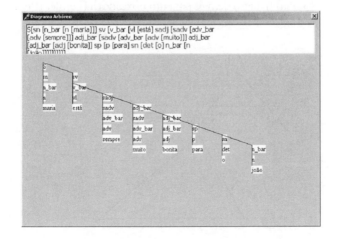

Alguns problemas de implementação

Trataremos agora de dois problemas que encontramos na implementação do SAdj e do SN, mas que podem ser também estendidos à representação dos outros sintagmas.

O Grammar Play é um parser *top-down*

O que esse sugestivo título acima quer dizer? Já vimos que o Grammar Play é um parser com procedimento *top-down* e inclusive já tratamos de um problema relacionado a isso (a recursão à esquerda, lembra-se?).

Por isso, pode parecer trivial lembrar, a esta altura da leitura, que o Grammar Play tenha um procedimento *top-down*, mas essa informação revela algo muito importante que ainda não havíamos mencionado: justamente por ele ser um parser *top-down*, a ordem em que as regras sintagmáticas estão dispostas em sua gramática passa a ser extremamente importante.

Veja como ele analisa, a princípio, o SAdj a seguir, por exemplo:

(3.34a) [Magro demais para um boxeador]. (Lemle, 1984: 153)

Por que ele faz essa análise, quando deveria fazer a seguinte, que parece ser a mais correta de acordo com a nossa intuição (e que havíamos apresentado agora há pouco)?

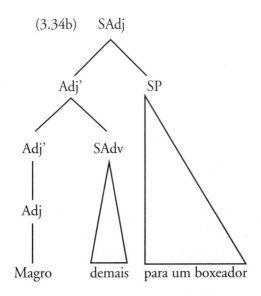

(3.34b)

Isso acontece porque, quando encontra um SAdj (como *magro demais para um boxeador*), ele consulta em sua gramática as regras para o SAdj, **desde a primeira até a última**, nessa ordem, em um sentido, como já sabemos, *top-down*, ou seja, de cima para baixo. A primeira regra que ele encontra é a seguinte:[17]

(a) SAdj → Adj' SAdv

Ele então tenta efetuar o *parsing* de [magro demais para um boxeador] e retorna com sucesso: $_{SAdj}$[$_{Adj'}$[magro] $_{SAdv}$[demais para um boxeador]].

Depois, ele tenta resolver o Adj' e encontra as seguintes regras:

(e) Adj' → Adj
(f) Adj' → SAdv Adj'
(g) Adj' → Adj' SAdv
(h) Adj' → Adj' SP

A primeira regra que o parser tentará usar será a (e), uma vez que ela é a primeira regra do Adj' que consta na sua lista. O resultado final é o que vemos na árvore (3.34a), ou, em colchetes rotulados:

$_{SAdj}$[$_{Adj'}$[$_{Adj}$[magro] $_{SAdv}$[demais para um boxeador]].

Como fazer, então, para que o parser analise corretamente essa sentença? "Que tal mudar a ordem das regras? Se colocarmos as regras de que precisamos no topo da lista, o parser irá analisa-la corretamente!"

A princípio, essa pode parecer uma boa idéia, mas como fazer quando tivermos outra sentença, que exija outras regras? Não podemos simplesmente ficar trocando as regras de lugar toda a vez que quisermos efetuar o *parsing* de uma sentença. E o pior: se quisermos divulgar o parser para que outras pessoas o utilizem (como estamos fazendo), não podemos exigir que todos saibam programar em Prolog e mudem nossa gramática sempre que acharem necessário!

Então, resolvemos adotar uma medida que nos pareceu satisfatória, que consegue propor mais de uma análise da sentença. Mas vamos apresentá-la somente daqui a algumas páginas, depois de tratarmos de um assunto intrinsecamente relacionado a esse: a ambigüidade estrutural.

Ambigüidade estrutural

Algumas frases em português – e em qualquer outra língua natural – podem ser estruturalmente ambíguas. Isso quer dizer que elas podem ter dois ou mais significados e, paralelamente, duas ou mais representações sintagmáticas. Repare, por exemplo, no SV da sentença a seguir:

(3.36) Ele [entrou na sala de muletas]. (Mioto et al., 2004: 114)

Qual é a melhor interpretação para o SV dessa sentença: (3.36a) ou (3.36b)?

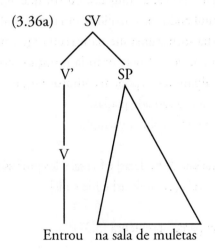

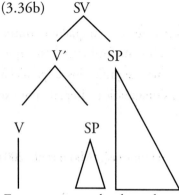

Ou seja, a frase (3.36) significa (a) que alguém entrou em uma sala destinada a guardar várias muletas; ou (b) que alguém entrou em uma sala caminhando com auxílio de um par de muletas?

Na verdade, não há apenas uma alternativa certa aqui: ambas as interpretações estão corretas. Nossa própria intuição mostra-nos isso. E, além disso, alguns testes podem comprovar que ambas as interpretações da sentença são adequadas.

Veja o teste da coordenação, por exemplo:[18]

a. João entrou [na sala de muletas] e [na sala dos professores].
b. João entrou na sala [de muletas] e [de tênis].

Ou ainda, que tal parece a sentença (3.37)?

(3.37) Ele entrou na sala de muletas de muletas. (Mioto et al., 2004: 115)

A gramaticalidade e aceitabilidade da sentença (3.37) parece corroborar a nossa intuição de que possa haver duas interpretações para a sentença (3.36).

"Hmmm, parece mesmo haver em português sentenças que apresentam mais de uma estrutura sintagmática. Porém, como o Grammar Play vai lidar com esse fenômeno? Afinal, ele propõe apenas **uma** estrutura sintagmática para cada sentença, não?"

Sim. Infelizmente, o Grammar Play não passa de um programa de computador. Ele não pode apelar para a sua própria intuição a fim de saber se uma sentença é estruturalmente ambígua ou não, simplesmente porque ele *não tem* uma intuição! O que ele vai fazer é efetuar o *parsing* da sentença com as primeiras regras que funcionarem, seguindo seu procedimento *top-down*.

Por exemplo, se ele encontrar a seqüência

SV → V' SP
V' → V
V' → V SP

em sua gramática, ele irá apresentar a estrutura arbórea (3.36a) – dê uma conferida nessa árvore. Se, contudo, sua gramática apresentar as regras na ordem

SV → V' SP
V' → V SP
V' → V

então ele irá efetuar o *parsing* da sentença como vimos em (3.36b). O *parsing* vai depender, como já mencionamos, da ordem em que as regras de reescrita estão dispostas em sua gramática.

Há, no entanto, uma saída para enfrentar essa situação (na verdade, há várias propostas para lidar com a ambigüidade estrutural em ambiente computacional, mas aqui vai a nossa): o Grammar Play pode não ter uma intuição própria, mas ele pode consultar alguém que tenha uma boa intuição a respeito de fatos da língua, como a ambigüidade de sentenças, por exemplo. Em outras palavras, ele pode consultar um falante nativo para saber se a estrutura sintagmática da sentença tal como ele propõe está correta e é satisfatória.

Um exemplo: que tal se o Grammar Play apresentasse a árvore que vimos em (3.36a) e perguntasse: "A estrutura sintagmática da sentença está correta e é satisfatória?"

Se respondêssemos que "sim", o programa iria se dar por satisfeito. Caso contrário, se disséssemos que "não", o Grammar Play iria então propor uma segunda interpretação da sentença e então perguntar novamente ao usuário: "A estrutura sintagmática da sentença está correta e é satisfatória?" Foi mais ou menos isso que fizemos na interface gráfica do programa.

No entanto, para que essa alternativa funcione, devemos ter mais de uma gramática que possa ser consultada pelo parser (ou melhor, a gramática em si será a mesma, apenas a ordem em que as regras sintagmáticas estão dispostas é que deverá diferente). Para resolver a ambigüidade da sentença (3.36), por exemplo, devemos ter duas gramáticas que possam ser consultadas: uma cuja ordem das regras para o SV seja

SV → V' SP
V' → V
V' → V SP

e outra cujas regras estejam dispostas nesta ordem:

SV → V' SP
V' → V SP
V' → V

Essa estratégia também resolve o problema que abordamos na seção anterior. Às vezes, inevitavelmente, o Grammar Play poderá analisar sentenças de maneira incorreta, como vimos que aconteceu com o SAdj [magro demais para um boxeador]. Porém, com a ajuda do usuário, o parser poderá sempre propor uma nova estrutura arbórea da sentença, até que atinja o resultado mais adequado, de acordo com a intuição do próprio usuário.

Implementação do SP

Iremos agora mostrar como implementamos as regras do SP em Prolog na gramática do Grammar Play. No capítulo anterior, propusemos duas regras para a descrição do SP:

(17) SP → P SN
(18) SP → P SAdv

Em Prolog, as regras foram implementadas como (a) e (b), a seguir:

(a) sp(Lex, [p, [P], sn, SN]) --> p(Lex, inf, P), sn(Conc, SN).
(b) sp(Lex, [p, [P], sn, SN]) --> p(Lex, Conc, P), sn(Conc, SN).

Aqui, adotamos exatamente a mesma estratégia apresentada por Pagani (2004: 17-21). Para ver mais detalhes sobre a implementação dos SPs, confira o quadro 3.2.

Implementação do SV

Por ser a descrição do SV a que envolve mais regras de reescrita, ela também é a responsável pela elaboração de um número maior de gramáticas alternativas. Além da gramática padrão, com as regras sintagmáticas na ordem que veremos no quadro 3.10, tivemos de elaborar também outras cinco gramáticas.

Vejamos, então, como as regras de descrição do SV que estudamos no capítulo anterior foram implementadas em Prolog:

Quadro 3.10
Regras do SV

(a)	sv(Num, [v_bar, V_Barra]) --> v_barra(Num, _, V_Barra).
(b)	svimp(Num, [v_bar, V_Barra_i]) --> v_barra_i(Num, _, V_Barra_i).
(c)	sv(Num, [v_bar, V_Barra, sn, SN]) --> v_barra(Num, _, V_Barra), sn(_, SN).
(d)	sv(Num, [v_bar, V_Barra, sp, SP]) --> v_barra(Num, _, V_Barra), sp(_, SP).
(e)	svimp(Num, [v_bar, V_Barra_i, sp, SP]) --> v_barra_i(Num, i, V_Barra_i), sp(_, SP).
(f)	sv(Num, [sadv, SAdv, v_bar, V_Barra]) --> sadv(SAdv), v_barra(Num, _, V_Barra).
(g)	svimp(Num, [sadv, SAdv, v_bar, V_Barra_i]) --> sadv(SAdv), v_barra_i(Num, _, V_Barra_i).
(h)	sv(Num, [v_bar, V_Barra, sadv, SAdv]) --> v_barra(Num, _, V_Barra), sadv(SAdv).
(i)	svimp(Num, [v_bar, V_Barra_i, sadv, SAdv]) --> v_barra_i(Num, _, V_Barra_i), sadv(SAdv).
(j)	v_barra(Num, _, [sadv, SAdv, v_bar, V_Barra]) --> sadv(SAdv), v_barra(Num, _, V_Barra).
(k)	v_barra_i(Num, _, [sadv, SAdv, v_bar, V_Barra_i]) --> sadv(SAdv), v_barra_i(Num, _, V_Barra_i).
(l)	v_barra(Num, _, [v, [V], sp, SP]) --> v(Num, _, V), sp(_, SP).
(m)	v_barra(Num, i, [v, [V]]) --> v(Num, i, V).
(n)	v_barra(Num, td, [v, [V], sn, SN]) --> v(Num, td, V), sn(_, SN).

(o)	v_barra(Num, ti, [v, [V], sp, SP]) --> v(Num, ti(P), V), sp(P, SP).
(p)	v_barra(Num, vl, [vl, [V], sn, SN]) --> v(Num, vl, V), sn(_, SN).
(q)	v_barra(Num, vl, [vl, [V], sadj, SAdj]) --> v(Num, vl, V), sadj(_, SAdj).
(r)	v_barra(Num, vl, [v, [V], sp, SP]) --> v(Num, vl, V), sp(_, SP).
(s)	v_barra(Num, vl, [v, [V], sadv, SAdv]) --> v(Num, vl, V), sadv(SAdv).
(t)	v_barra_i(_, i, [v, [Vimp]]) --> vimp(_, i, Vimp).
(u)	v_barra_i(_, td, [v, [Vimp], sn, SN]) --> vimp(_, td, Vimp), sn(_, SN).
(v)	v_barra(Num, _, [v_bar, T, sadv, SAdv]) --> t(Num, _, T), sadv(SAdv).
(w)	v_barra(Num, _, [v_bar, T, sp, SP]) --> t(Num, _, T), sp(_, SP).
(x)	v_barra(Num, _, [v_bar, T, sn, SN]) --> t(Num, _, T), sn(_, SN).
(y)	t(Num, _, [v, [V]]) --> v(Num, _, V).
(z)	t(Num, _, [v, [V], sp, SP]) --> v(Num, _, V), sp(_, SP).
(aa)	t(Num, _, [v, [V], sn, SN]) --> v(Num, _, V), sn(_, SN).
(ab)	t(Num, _, [v_bar, TT, sadv, SAdv]) --> tt(Num, _, TT), sadv(SAdv).
(ac)	tt(Num, _, [v, [V]]) --> v(Num, _, V).

Vejamos as regras (a) e (m) para entendermos um pouco melhor como implementamos as regras de descrição do SV.

(a) sv(Num, [v_bar, V_Barra]) --> v_barra(Num, _, V_Barra).
(m) v_barra(Num, i, [v, [V]]) --> v(Num, i, V).

A regra (a) diz que um **SV** é formado por um **V'**. O SV apresenta um valor correspondente ao número (expresso pela variável **Num**). O V' também apresenta um valor de número, expresso pela mesma variável, **Num**. Para que o SV seja gramatical, esse valor deve ser o mesmo tanto no SV quanto no V'. Em outras palavras, para que o Prolog reconheça um SV como sendo bem formado, é preciso que a variável **Num** unifique seus valores entre SV e V' (exatamente da mesma maneira como acontece com as variáveis do SN, de que tratamos anteriormente).

Para entendermos melhor esse processo, vejamos uma amostra de como os verbos estão inscritos em nosso dicionário:

Quadro 3.11
Verbos no léxico da gramática do Grammar Play

```
% Verbos (v)
% Verbos Intransitivos (i) - 3a pessoa do singular
v(sing, i, aborta).
v(sing, i, acampa).


% 3a pessoa do plural
v(plur, i, abortam).
v(plur, i, acampam).


% Verbos Transitivos Diretos (td)
% 3a pessoa do singular
v(sing, td, abaixa).
v(sing, td, abala).


% 3a pessoa do plural
v(plur, td, abaixam).
v(plur, td, abalam).
```

% Verbos Transitivos Indiretos (ti) - 3a pessoa do singular
v(sing, ti(a), assiste).
v(sing, ti(a), chega).

% 3a pessoa do plural
v(plur, ti(a), assistem).
v(plur, ti(a), chegam).

% Verbos Bitransitivos (tdi)
v(sing, tdi(para), abre).
v(plur, tdi(para), abrem).
v(sing, tdi(em), coloca).
v(plur, tdi(em), colocam).

% Verbos de Ligação (vl)
v(sing, vl, anda).
v(plur, vl, andam).
v(sing, vl, continua).
v(plur, vl, continuam).

Todos os verbos apresentam, em sua entrada lexical, um valor correspondente ao **número** – que pode ser singular ou plural. Esse valor vai ser o responsável pela **concordância verbal**. Até aqui, não há nada novo, já que estamos seguindo a proposta apresentada por Pagani (2004), que discutimos no início deste capítulo.

Note que, na regra (m), há ainda mais uma variável, que chamamos de **valência** (**Val**), ainda seguindo a proposta de Pagani (originalmente inspirado em Pereira & Shieber (1987)).

Essa variável, como vimos no começo do capítulo, é responsável pela subcategorização verbal. Analisando o quadro 3.10, podemos ver que trazemos cinco diferentes tipos de verbos, de acordo com sua valência: verbos intransitivos (**i**), verbos transitivos diretos (**td**), verbos transitivos indiretos (**ti**), verbos bitransitivos (**tdi**) e verbos de ligação (**vl**).

Talvez seja interessante reparar novamente na regra (a), repetida a seguir:

(a) sv(Num, [v_bar, V_Barra]) --> v_barra(Num, _, V_Barra).

Ela aparentemente não traz essa segunda variável, responsável pela subcategorização verbal. Note que temos um traço de *underline* no lugar do valor que seria esperado (**i**, **td**, **ti**, **tdi** ou **vl**). Por que isso?

Fizemos desse modo porque simplesmente não nos interessa saber que tipo de verbo (intransitivo, transitivo direto, bitransitivo...) pode formar um V' que formará um SV: todos eles podem. Por isso, colocamos o *underline*, que significa "não importa que valor esteja aqui, desde que haja um valor".

Recursão à esquerda

Já vimos que regras com recursão à esquerda podem fazer com que o programa entre em um *looping* infinito. Por isso, tivemos de elaborar as estranhas e esquisitas regras (v), (w), (x), (y), (z), (aa), (ab) e (ac). Talvez agora elas já não pareçam tão estranhas, uma vez que vimos regras parecidas com essas na descrição do SN e do SAdj algumas páginas atrás.

Essas regras são uma solução adotada para trabalhar com as regras (23), (24) e (26), que estudamos no capítulo anterior e que envolviam recursão à esquerda:

(23) V' → V' SN
(24) V' → V' SP
(26) V' → V' SAdv

Implementadas em Prolog, na gramática do Grammar Play, elas tornaram-se as regras (v), (w), (x), (y), (z), (aa), (ab) e (ac):

(v) v_barra(Num, _, [v_bar, T, sadv, SAdv]) --> t(Num, _, T), sadv(SAdv).

(w) v_barra(Num, _, [v_bar, T, sp, SP]) --> t(Num, _, T), sp(_, SP).

(x) v_barra(Num, _, [v_bar, T, sn, SN]) --> t(Num, _, T), sn(_, SN).

(y) t(Num, _, [v, [V]]) --> v(Num, _, V).

(z) t(Num, _, [v, [V], sp, SP]) --> v(Num, _, V), sp(_, SP).

(aa) t(Num, _, [v, [V], sn, SN]) --> v(Num, _, V), sn(_, SN).

(ab) t(Num, _, [v_bar, TT, sadv, SAdv]) --> tt(Num, _, TT), sadv(SAdv).

(ac) tt(Num, _, [v, [V]]) --> v(Num, _, V).

Essa solução muito provavelmente não é a ideal, e não nos agradou plenamente. Porém, resolvemos adotá-la temporariamente, uma vez que, apesar de limitada e contrária ao espírito da teoria X-barra, ela é já conhecida por outros lingüistas computacionais que enfrentam dificuldades semelhantes de implementação computacional de teorias lingüísticas,[19] além de ter se mostrado razoavelmente eficiente.

Vejamos como ficaram algumas árvores com essas regras:[20]

(3.38) João [entregou uma carta à Maria].

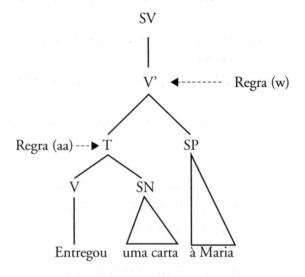

(3.39) João [entregou à Maria uma carta].

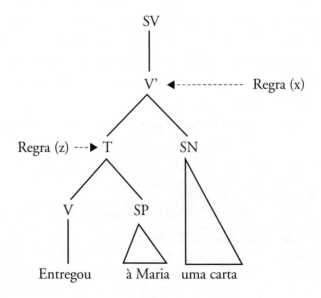

(3.40) [Neva muito aqui].

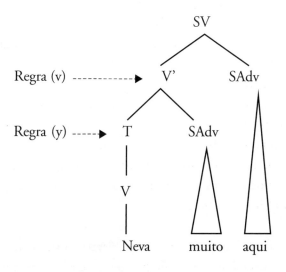

(3.41) [Existem já lá atualmente] alguns tratores. (Lemle, 1984: 171)

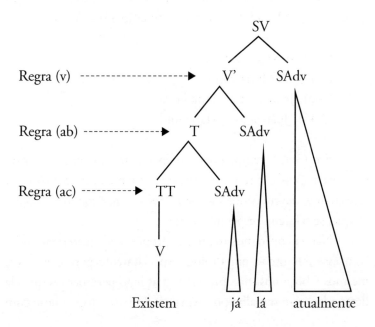

Evidentemente, como já sabemos, essas regras não são recursivas. Propusemos regras que dessem conta de SVs com até três modificadores adverbiais. Acreditamos que teremos poucas chances de encontrar SVs com quatro ou mais SAdvs modificadores, por isso paramos por aí (além do mais, nossa gramática já estava começando a parecer bastante estranha, com tantas regras *ad hoc*!).

Evidentemente, acreditamos em uma teoria sintático-gerativa que prevê, teoricamente, um número infinito de SAdvs modificadores do SV. Teremos de aceitar por ora essa limitação de apenas três modificadores apenas, deixando mais essa questão para tratar em livros futuros e também para que nosso leitor possa pensar a respeito do problema.

Uma última limitação do Grammar Play de que trataremos aqui diz respeito a sentenças que envolvem o predicativo. Em português, sabemos que o predicativo deve sempre concordar em gênero e número com o termo com o qual se relaciona. Por isso temos as sentenças gramaticais (3.42) e (3.44) e as agramaticais (3.43) e (3.45):

(3.42) A Maria é linda.
(3.43) *A Maria é lindo.
(3.44) João acha a Maria linda.
(3.45) *João acha a Maria lindo.

Em (3.42), temos uma sentença com um predicativo do sujeito; em (3.44), temos uma estrutura com predicativo do objeto. Esses termos devem concordar com o SN sujeito e com o SN objeto ao qual se referem, respectivamente.

Não encontramos nenhuma proposta adequada para lidar com esse fenômeno em Prolog, especialmente para o PB. Nós mesmos esboçamos uma proposta, mas logo percebemos que ela demandaria um trabalho por demais repetitivo e dispendioso com o léxico. Portanto, deixamos aqui apenas o registro dessa deficiência da versão 0.7 do Grammar Play, ao mesmo tempo em que nos comprometemos a superá-la em próximas versões do parser.[21]

Implementação do SAdv

Para finalizar a implementação das regras sintagmáticas, apresentamos aqui as regras de descrição do SAdv implementadas em Prolog na gramática do Grammar Play. No capítulo anterior, havíamos estudado cinco regras para a descrição do SAdv:

(32) SAdv → Adv'
(33) SAdv → SAdv Adv'
(34) SAdv → Adv' SP
(35) Adv' → Adv
(36) Adv' → Adv' SP

Em Prolog, temos as seguintes regras:

Quadro 3.12
Regras do SAdv

(a)	sadv([adv_bar, Adv_Barra]) --> adv_barra(Adv_Barra).
(b)	sadv([sadv, B, adv_bar, Adv_Barra]) --> b(B), adv_barra(Adv_Barra).
(c)	sadv([adv_bar, Adv_Barra, sp, SP]) --> adv_barra(Adv_Barra), sp(P, SP).
(d)	adv_barra([adv, [Adv]]) --> adv(Adv).
(e)	adv_barra([adv_bar, C, sp, SP]) --> c(C), sp(P, SP).
(f)	b([adv_bar, Adv_Barra]) --> adv_barra(Adv_Barra).
(g)	C([adv, [Adv]]) --> adv(Adv).

Para evitar que o programa entrasse em *looping* por causa das regras (33) e (36), utilizamos o recurso já conhecido de "enganar" o Prolog com um constituinte intermediário arbitrário. Por isso, temos as regras (b), (e), (f) e (g).

Vejamos uma aplicação dessas regras:

(3.46) João corre [muito bem].

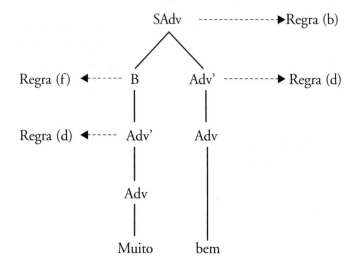

(3.47) [Bem longe da cidade]. (Luft, 1986: 138)

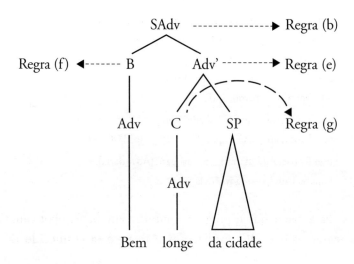

Notas

1. Implementaremos as regras sintáticas na gramática de nosso parser utilizando um formalismo computacional presente na maioria das versões recentes do Prolog, a DCG. De acordo com Menuzzi & Othero (2005: 121), a DCG, ou *Definite Clause Grammar*, é "um formalismo computacional que permite ao lingüista programar regras sintáticas em Prolog de maneira semelhante à notação tradicionalmente utilizada para a descrição de regras de reescrita ou PS *rules*" (grifos dos autores). Para saber mais sobre as DCGs, cf. Pereira & Warren (1980), Bratko (1997), Vieira & Lima (2001), Pagani (2004), além de Menuzzi & Othero (2005).

2. Se o leitor tiver interesse em consultar o artigo aqui referido, pode "baixá-lo" em www.revelhp.cjb.net.

3. A numeração das regras à esquerda é nossa.

4. Veremos que em nossa gramática levaremos em consideração também os verbos de ligação (como em *A Maria é bonita*), os verbos intransitivos impessoais (como em **Chove** *muito aqui*) e os verbos transitivos diretos impessoais (como em **Há** *muitas pessoas aqui*).

5. Cf. a esse respeito Radford (1981: 118-41) e Haegeman (1995: 40-73), entre outros.

6. Cf. Luft (1986: 17) e Cegalla (1996: 460), por exemplo.

7. Todas as regras e figuras do parser que mostraremos aqui referem-se à versão 0.7 do Grammar Play. Evidentemente, nossa intenção é melhorar constantemente o parser. Por isso, possivelmente a gramática ou a interface gráfica de versões mais recentes do programa possam apresentar algumas diferenças. O leitor pode "baixar" o parser Grammar Play em www.geocities.com/gabriel_othero.

8. Cf. Freitas (2004) e Naro & Votre (1999) para saber mais sobre sentenças marcadas em português brasileiro.

9. Essa idéia, no entanto, não é consensual: há lingüistas que não admitem a possibilidade de inversão verbo-sujeito com verbos transitivos. Perini (2000: 221), por exemplo, julga agramatical a frase *Comeu uma pizza Sônia*, e diz que "uma das restrições sintáticas da posposição do sujeito é que esta não pode ocorrer com um objeto direto". No entanto, um estudo preliminar de Joselaine Moreira de Freitas (em comunicação pessoal, mas cf. Freitas, 2004) mostrou-nos que, de uma amostra de 28 sentenças de textos jornalísticos que apresentavam a ordem VS, apenas 11 (39,2%) tinham verbos intransitivos. Das outras 17 sentenças, 9 (32,1%) tinham verbos de ligação, 6 (21,4%) continham verbos transitivos diretos e outras 2 (7,1%) apresentavam verbos transitivos indiretos. Para ver mais dados sobre a inversão sujeito-verbo em português, remetemos o leitor a Freitas (2004) e Naro & Votre (1999).

[10] Contudo, o verbo *chover*, se estiver empregado em sentido metafórico, pode ser pessoal. Um exemplo desse emprego pode ser visto na frase *Choveram aplausos no recital de piano*, em que *aplausos* é o sujeito do verbo. Evidentemente, por não conseguir lidar com traços semânticos nem com conceitos pragmáticos da linguagem natural, o Grammar Play somente reconhecerá o verbo *chover* como impessoal.

[11] Lembre-se de que o programa Grammar Play pode ser baixado gratuitamente em www.geocities.com/gabriel_othero. Confira no Apêndice mais informações sobe a utilização do parser e teste-o em seu próprio computador.

[12] Trecho original: "[...] top-down parsing algorithms of this kind will loop on left-recursive rules".

[13] Trecho original: "[...] Prolog grammar rules cannot handle left recursion. It is not something that will produce a syntax error but if the system is confronted by left recursion then an endless loop will result at run-time. It is therefore up to the programmer to avoid left recursion in programs".

[14] Cf. Beardon, Lumsden & Holmes (1991: 86-7) e Covington (1994: 48-9).

[15] Há outras propostas para trabalhar com a recursão à esquerda, como, por exemplo, não utilizar o parser de maneira *top-down*, mas adotar o procedimento *bottom-up*. Não iremos tratar de outras soluções nesta obra. Não ficamos totalmente contentes com a solução que adotamos, mas por ora, ela deverá servir.

[16] Evidentemente, esta é somente uma amostra dos adjetivos inscritos no dicionário do parser. A relação completa pode ser conferida na própria gramática do programa.

[17] Cf. o quadro 3.9 para ver as regras tal como estão implementadas em Prolog. Aqui, para facilitar a leitura e a visualização, utilizamos as regras de reescrita com notação tradicional da teoria X-barra.

[18] Para saber mais sobre testes de constituintes, cf. Radford (1981).

[19] Cf., por exemplo, Beardon, Lumsden & Holmes (1991: 86-7) e Covington (1994: 48-9).

[20] Não se esqueça de que o usuário final do Grammar Play não vê essa estratégia, pois, onde aqui mostramos **T** e **TT**, no Grammar Play aparece sempre **V'**.

[21] Sobre os predicativos, cf. Bisol (1975) e Conteratto (2004).

Considerações finais

Efetuamos a descrição da sentença simples em português brasileiro à luz do modelo proposto pela teoria X-barra. Essa análise, curiosamente, ainda não havia sido elaborada para o português brasileiro, ao menos não da maneira como fizemos. Além de enfrentar esse desafio, implementamos essas regras gramaticais de descrição do português na linguagem Prolog, linguagem largamente utilizada por lingüistas computacionais e informatas que lidam com PLN e IA (e linguagem com a qual estávamos desenvolvendo a gramática do parser que apresentamos aqui, o Grammar Play). Vimos que tivemos de tomar uma série de medidas contrárias ao espírito da teoria lingüística, seja por incapacidade nossa de seguir outro caminho, seja por uma limitação da própria linguagem de programação. Após construirmos e testarmos a gramática do parser com inúmeras sentenças extraídas de exemplos de outros lingüistas e gramáticos (Luft, Lemle, Mioto et al., Perini etc.), terminamos com uma gramática relativamente abrangente (apesar de suas agora já conhecidas limitações).

Esperamos que esta obra possa ter servido tanto ao lingüista quanto ao informata. Este poderá pensar em novas maneiras de trabalhar com algumas limitações e problemas de linguagens computacionais, pensando em melhores maneiras para tratar formalmente as linguagens naturais humanas; aquele poderá refletir sobre formalismos que possibilitem uma descrição acurada da língua a fim de aplicar – ainda que apenas virtualmente – esse conhecimento em programas que visem a melhorar de alguma forma o tratamento computacional da linguagem e até mesmo a interação homem x máquina.

Referências bibliográficas

AZEREDO, José Carlos. *Iniciação à sintaxe do português*. Rio de Janeiro: Jorge Zahar, 2000.

BEARDON, Colin; LUMSDEN, David; HOLMES, Geoff. *Natural Language and Computational Linguistics*: an Introduction. London: Ellis Horwood, 1991.

BECHARA, Evanildo. *Moderna gramática portuguesa*. São Paulo: Companhia Editora Nacional, 1982.

BISOL, Leda. *Predicados complexos do português*: uma análise transformacional. Porto Alegre: UFRGS, 1975.

BORSLEY, Robert. *Syntactic Theory*: a Unified Approach. London: Oxford University Press, 1999.

BRATKO, I. *Prolog Programming for Artificial Intelligence*. Harlow: Addison-Wesley, 1997.

CASTELEIRO, José Malaca. *Sintaxe transformacional do adjectivo*. Lisboa: INIC, 1981.

CEGALLA, Domingos Pascoal. *Novíssima gramática da língua portuguesa*. São Paulo: Nacional, 1996.

COLE, R. A. et al. (eds.). *Survey of the State of the Art in Human Language Technology*. Cambridge: Cambridge University Press / Giardini, 1997. [www.dfki.de/~hansu/HLT-Survey.pdf].

CONTERATTO, Gabriela B. H. *Predicação secundária*: uma contribuição da lingüística ao processamento computacional da linguagem. São Leopoldo: Unisinos, 2004. Dissertação (Mestrado em Lingüística).

COVINGTON, Michael A. *Natural Language Processing for Prolog Programmers*. New Jersey: Prentice Hall, 1994.

DOUGHERTY, Ray C. *Natural Language Computing*: an English Generative grammar in Prolog. Hillsdale: Lawrence Erlbaum, 1994.

FREITAS, Joselaine Moreira de. *Comparação do uso de estruturas marcadas em textos jornalísticos e escolares*. Porto Alegre: PUCRS 2004. Dissertação (Mestrado em Lingüística Aplicada).

GARSIDE, Roger; LEECH, Geoffrey; MCENERY, Anthony. *Corpus Annotation*: Linguistic Information from Computer Text Cborpora. London / New York: Longman, 1997.

GAZDAR, G. et al. *Generalized Phrase Structure Grammar*. Oxford: Basil Blackwell, 1985.

HAEGEMAN, Liliane. *Introduction to Government and Binding Theory*. Oxford: Blackwell, 1995.

HECKLER, Evaldo; BACK, Sebald. *Curso de lingüística*. São Leopoldo: Unisinos, 1988.

JACKENDOFF, Ray. The Base Rules for Prepositional Phrases. In: ANDERSON, S. & KIPARSKY, P. (orgs.). *A Festschrift for Morris Halle*. New York: Rinehart and Winston, 1973.

_____. *X' Syntax*: a Study of Phrase Structure. Cambridge: MIT Press, 1977.

_____. *Foundations of Language*: Brain, Meaning, Grammar, Evolution. Oxford: Oxford University Press: 1992.

KAYNE, R. *Connectedness and Binary Branching*. Dordrecht: Foris, 1984.

LEMLE, Miriam. *Análise sintática*: teoria geral e descrição do português. São Paulo: Ática, 1984.

LUFT, Celso Pedro. *Moderna gramática brasileira*. Porto Alegre / Rio de Janeiro: Globo, 1986.

McDONALD, Carlton; YAZDANI, Masoud. *Prolog Programming*: a Tutorial Introduction. Oxford: Blackwell Scientific Publications, 1990.

MENUZZI, Sérgio de Moura. *Sobre a modificação adjetival em português*. Campinas: Unicamp 1992. Dissertação (Mestrado em Lingüística).

_____; OTHERO, Gabriel de Ávila. *Lingüística computacional*: teoria & prática. São Paulo: Parábola, 2005.

MIOTO, Carlos et al. *Novo manual de sintaxe*. Florianópolis: Insular, 2004.

NARO, Anthony; VOTRE, Sebastião. *Discourse Motivations for Linguistic Regularities*: Verb-Subject Order in Spoken Brazilian Portuguese. *Probus*, 11, 1999.

PAGANI, Luiz Arthur. Analisador gramatical em Prolog para gramáticas de estrutura sintagmática. *Revista Virtual de Estudos da Linguagem – ReVEL*, ano 2, n. 3, 2004. [www.revelhp.cjb.net].

PEREIRA, Fernando; SHIEBER, Stuart M. *Prolog and Natural-Language Analysis*. Stanford: CSLI, 1987.

_____; WARREN, D. Definite Clause Grammars for Language Analysis: a Survey of the Formalism and a Comparison with Augmented Transition Networks. *Artificial Intelligence*, n. 13, 1980.

PERINI, Mário. *A gramática gerativa*: introdução ao estudo da sintaxe portuguesa. Belo Horizonte: Vigília, 1976.

_____. *Sintaxe portuguesa*: metodologia e funções. São Paulo: Ática, 1989.

_____. *Para uma nova gramática do português*. São Paulo: Ática, 1999.

_____. *Gramática descritiva do português*. São Paulo: Ática, 2000.

RADFORD, Andrew. *Transformational Syntax*: a Student's Guide to Chomsky's Extended Standard Theory. Cambridge: Cambridge University Press, 1981.

RODRIGUES, Rosany Schwarz. *Testando a distinção tradicional entre complementos e adjuntos nominais*. Porto Alegre: PUCRS, 2000. Dissertação (Mestrado em Lingüística Aplicada).

SERRA, Carolina; CALLOU, Dinah; MORAES, João Antônio de. A interface fonologia e sintaxe: prosódia e posição do adjetivo. *Letras de Hoje*. v. 38, n. 4. Porto Alegre: dezembro de 2003.

SOUZA e SILVA, Cecília P. de; KOCH, Ingedore Villaça. *Lingüística aplicada ao português*: sintaxe. São Paulo: Cortez, 1993.

VIEIRA, R.; LIMA, V. L. S. Lingüística computacional: princípios e aplicações. In: IX *Escola de Informática da SBC-Sul*. Passo Fundo, Maringá, São José: SBC-Sul, 2001.

Apêndice:
como usar o Grammar Play

O programa completo Grammar Play que você deve ter baixado e salvado em seu computador está compactado em um arquivo auto-executável. Para descompactá-lo, basta dar dois cliques sobre o ícone do Grammar Play. Depois de descompactá-lo e salvá-lo em seu computador, basta clicar duas vezes no ícone com o nome do programa, e ele será aberto (como mostra a figura A1).

Figura A.1
Tela inicial do Grammar Play

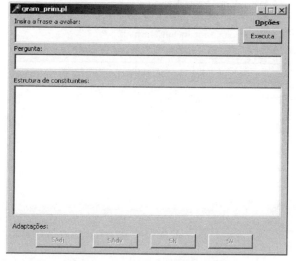

Antes de começar a testar o programa, dando-lhe sentenças para que ele efetue seu *parsing*, vejamos como está a gramática de nosso parser. Clique no botão "Opções" e selecione o item "Ver Gramática". Outra maneira de consultar a gramática é abri-la com um programa editor de textos, como o Notepad ou o Wordpad (ambos acompanham as últimas versões do MS Windows).

Para testar o programa, basta escrever uma frase no campo indicado e clicar no botão "executa". O programa irá convertê-la para notação em Prolog, no campo "pergunta", e dará a sua estrutura de constituintes através da representação de colchetes rotulados. Acompanhe o exame de duas sentenças nas figuras A.2 e A.3:

Figura A.2
A Maria dorme tranqüilamente

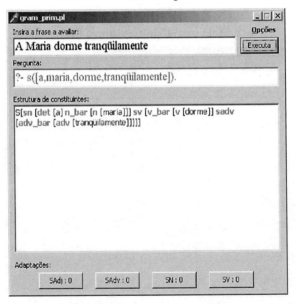

Figura A.3
Todos os meus amigos adoram sintaxe

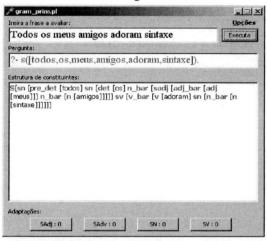

Se o Grammar Play não reconhecer a frase como válida na língua, quer por ela ser agramatical (fig. A.4), quer por limitações que o programa ainda apresente (fig. A.5), aparecerá a seguinte mensagem: "Frase agramatical ou léxico desconhecido".

Figura A.4
*As todas adoram amigas minhas sintaxe

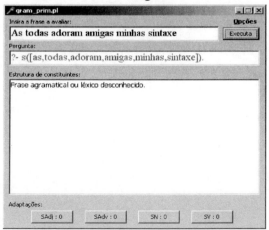

Figura A.5
O programa não irá reconhecer esta frase

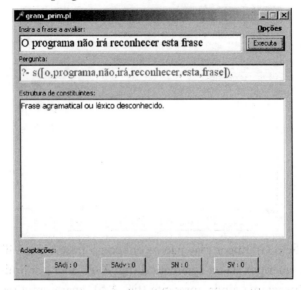